JN075208

かわいい！ たのしい！ スケッチブックでシアターあそび

自由現代社

かわいい！ たのしい！
スケッチブックで シアターあそび

CONTENTS

 歌って楽しむ

📖 名作を楽しむ

👧 生活を楽しむ

⁇ クイズを楽しむ

本書の特長

　本書は、B4またはA4サイズの市販のスケッチブックに型紙のイラストを貼ってシアターにし、「歌って楽しむ」「名作を楽しむ」「生活を楽しむ」「クイズを楽しむ」という4つのテーマで、さまざまな世界がくり広げられる内容になっています。

　それぞれの内容に合わせてスケッチブックのページをめくっていくことを基本に、ページの半分、または$\frac{1}{3}$や$\frac{1}{4}$をめくることで、イラストの一部が変化したり、ページの裏面を見せることで、アッと驚く展開になっていたりします。また、運動会のつなひきや、お正月の羽根つきの場面では、スケッチブックのページをめくったり戻したりすることで、イラストに動きを持たせ、躍動感のある展開になっています。そして、すべての内容について、可愛らしいイラストの型紙をつけており、拡大コピーして簡単に使えるようになっています。

　スケッチブックならではのしかけや工夫をふんだんに盛り込み、子どもたちがそれぞれの世界に夢中になれるようなスケッチブックのシアターを、保育現場でぜひお役立てください。

誌面構成について

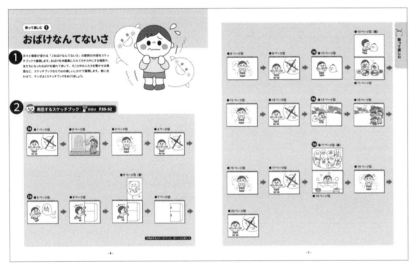

❶ 各シアターの特長や、演じる際のポイントを説明しています。

❷ 用意するスケッチブックのイラスト場面を順番に紹介しています。なお、各スケッチブックの型紙は、P.89以降にございます。

❸ スケッチブックのページの開きかたや場面図を順番にイラストでわかりやすく紹介しています。

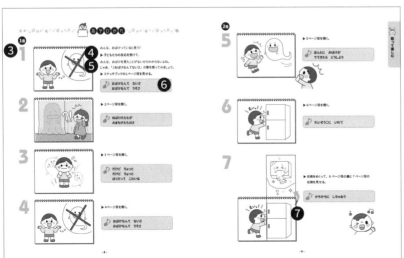

❹ ▶で始まる文章は、スケッチブックの具体的な動かしかたなどを解説しています。

❺ 保育者の子どもに対する言葉がけやセリフの具体例を記載しています。

❻ 歌の部分を示しています。

❼ ページの一部をめくったり、裏面を開いたりする際に、マークを用いています。

スケッチブックのシアターの作りかた

 用意するもの

- ・B4またはA4サイズのスケッチブック
- ・型紙のコピー
- ・カラーペン、またはポスターカラーなど
- ・のり

① 型紙をB4、またはA4サイズのスケッチブックの大きさに合わせて拡大コピー（目安として B4 は 310%程度、A4 は 250%程度）します。

② カラーペン、またはポスターカラーなどで、①に色をぬります。

③ 乾いたら、スケッチブックにぴったり貼ります。
　なお、裏のページに貼る場合などは、「用意するスケッチブック」の項目をご覧いただき、向きに注意して貼ってください。

①

②

③

※切り離し線があるものは、③の後に ------ を切り離します。

おばけなんてないさ

次々と場面が変わる「♪おばけなんてないさ」の歌詞の内容をスケッチブックで展開します。おばけを冷蔵庫に入れてカチカチにする場面や、友だちになったおばけを連れて歩いて、そこら中の人たちを驚かせる場面など、スケッチブックならではの楽しいしかけで展開します。歌に合わせて、テンポよくスケッチブックをめくりましょう。

用意するスケッチブック　　型紙は **P.89-92**

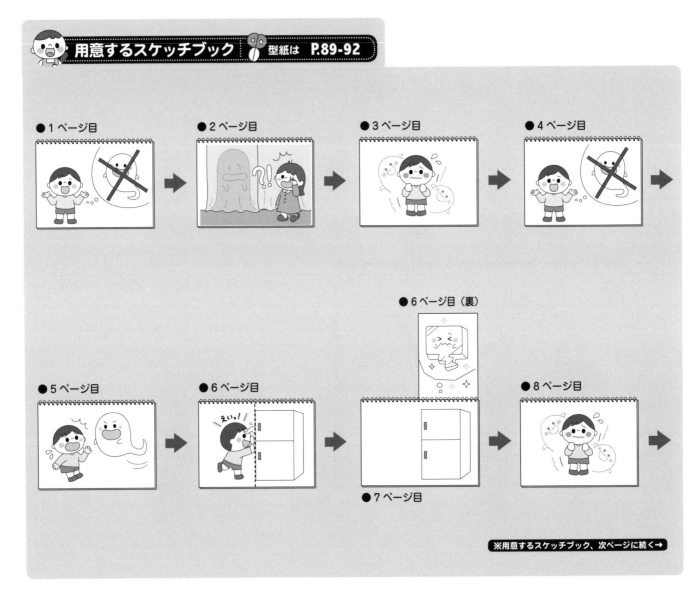

● 1ページ目 → ● 2ページ目 → ● 3ページ目 → ● 4ページ目 →

● 5ページ目 → ● 6ページ目 → ● 6ページ目（裏）／● 7ページ目 → ● 8ページ目 →

※用意するスケッチブック、次ページに続く→

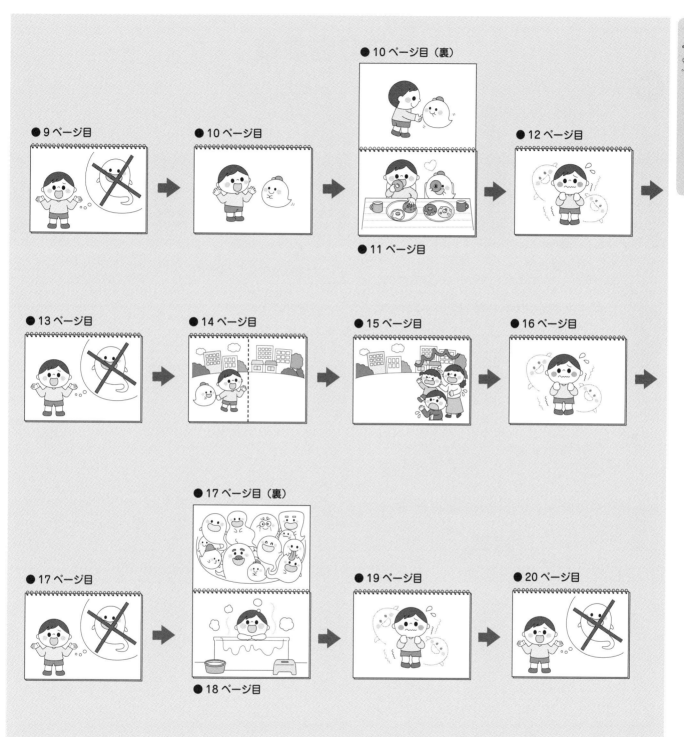

● 9 ページ目

● 10 ページ目

● 10 ページ目（裏）

● 11 ページ目

● 12 ページ目

● 13 ページ目

● 14 ページ目

● 15 ページ目

● 16 ページ目

● 17 ページ目

● 17 ページ目（裏）

● 18 ページ目

● 19 ページ目

● 20 ページ目

1

みんな、おばけっていると思う？

▶ 子どもたちの反応を受けて、

みんな、おばけを見たことがないからわからないよね。
じゃあ、「♪おばけなんてないさ」の歌を歌ってみましょう。

▶ スケッチブックの1ページ目を見せる。

 おばけなんて　ないさ
おばけなんて　うそさ

2

▶ 2ページ目を開く。

 ねぼけたひとが
みまちがえたのさ

3

▶ 3ページ目を開く。

 だけど　ちょっと
だけど　ちょっと
ぼくだって　こわいな

4

▶ 4ページ目を開く。

 おばけなんて　ないさ
おばけなんて　うそさ

5

▶ 5ページ目を開く。

♪ ほんとに　おばけが
でてきたら　どうしよう

6

▶ 6ページ目を開く。

♪ れいぞうこに　いれて

7

▶ 右側をめくって、6ページ目の裏と7ページ目の
右側を見せる。

♪ かちかちに　しちゃおう

▶ 2枚めくって8ページ目を開く。

🎵 だけど　ちょっと
　　だけど　ちょっと
　　ぼくだって　こわいな

▶ 9ページ目を開く。

🎵 おばけなんて　ないさ
　　おばけなんて　うそさ

3番

▶ 10ページ目を開く。

🎵 だけど　こどもなら
　　ともだちに　なろう

▶ 10ページ目の裏を開く。

🎵 あくしゅを　してから

12

▶ 10ページ目の裏を開いたまま、11ページを見せる。

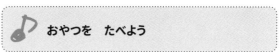
♪ おやつを　たべよう

13

▶ 12ページ目を開く。

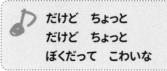
♪ だけど　ちょっと
　だけど　ちょっと
　ぼくだって　こわいな

14

▶ 13ページ目を開く。

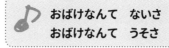
♪ おばけなんて　ないさ
　おばけなんて　うそさ

15

▶ 14ページ目を開く。

🎵 おばけの　ともだち
　　つれて　あるいたら

16

▶ 右側をめくり、15ページ目の右側を開く。

🎵 そこらじゅうの　ひとが
　　びっくりするだろう

17

▶ 2枚めくって16 ページ目を開く。

🎵 だけど　ちょっと
　　だけど　ちょっと
　　ぼくだって　こわいな

18

▶ 17 ページ目を開く。

 おばけなんて　ないさ
おばけなんて　うそさ

 5番

19

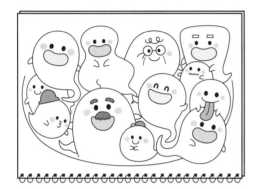

▶ 17 ページ目の裏を開く。

 おばけの　くにでは
おばけだらけだってさ

20

▶ 17 ページ目の裏を開いたまま、18 ページ目を見せる。

 そんなはなし　きいて
おふろに　はいろう

21

▶ 19 ページ目を開く。

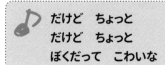

♪ だけど　ちょっと
だけど　ちょっと
ぼくだって　こわいな

22

▶ 20 ページ目を開く。

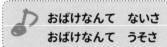

♪ おばけなんて　ないさ
おばけなんて　うそさ

おばけはちょっと怖いけど、友だちになっちゃえば、
楽しいかもしれないね。
お・し・まい。

おばけなんてないさ

作詞：まき みのり／作曲：峯 陽

1. おばけなんてないさ おばけなんてうそさ ねーぼけたひとが
2. ほんとにおばけが でてきたらどうしよう れいぞうこにいれて
3. だけどこのおばけ でてきてもだちになって あくしゅをして
4. おばけのともだち つれてあるけたらたのしいな そらじゅうを
5. おばけのくにでは おばけだらけだって こんなはなし

てらがとり かとい ひとしき
そそしらろってらさ
そんなはなししき

みまちがえたのさ ちょう
まちかちをにたべる よう
ちやつくりすはい だろう
びっくりおふろに だろ

だけどちょっとだけどちょっと　ぼくだってこわいな

おばけなんてないさ　おばけなんてうそさ

アイアイ

楽しい歌に合わせて、スケッチブックをめくるたびにアイアイたちがユーモラスに登場します。歌詞の「しっぽのながい」「おめめのまるい」などの場面では、目立たせて見せるようなしかけになっています。子どもたちと一緒に元気よく歌いながら、スケッチブックのページをめくりましょう。

用意するスケッチブック　　型紙は P.93-95

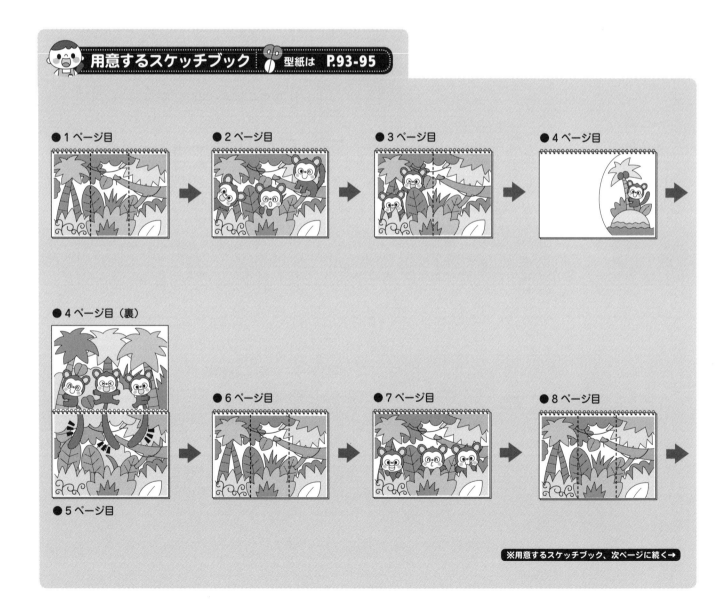

● 1 ページ目
● 2 ページ目
● 3 ページ目
● 4 ページ目
● 4 ページ目（裏）
● 5 ページ目
● 6 ページ目
● 7 ページ目
● 8 ページ目

※用意するスケッチブック、次ページに続く→

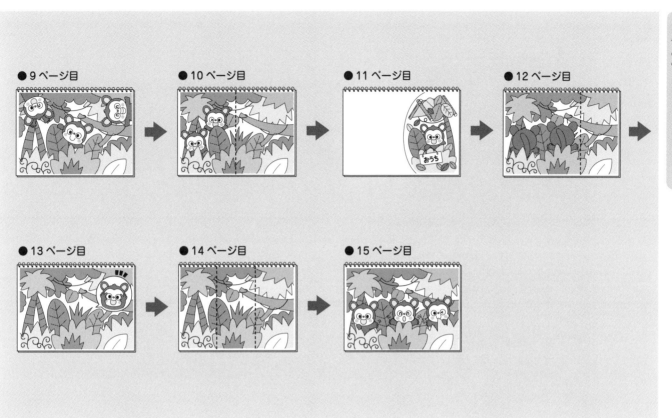

● 9ページ目 ● 10ページ目 ● 11ページ目 ● 12ページ目

● 13ページ目 ● 14ページ目 ● 15ページ目

あそびかた

1

▶ スケッチブックの1ページ目を見せる。

ここはジャングルの中です。

ここには、アイアイというおサルさんが棲んでいるんですって。

アイアイって、みんな見たことあるかな?

じゃあみんなで、「♪アイアイ」の歌を歌ってみましょう。

2

▶ 左側をめくり、2ページ目の左側を開く。

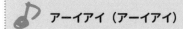
♪ アーイアイ（アーイアイ）

3

▶ 真ん中をめくり、2ページ目の真ん中を開く。

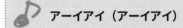
♪ アーイアイ（アーイアイ）

4

▶ 右側をめくり、2ページ目の右側を開く。

♪ おさるさんだよ

5

▶ 3ページ目を開く。

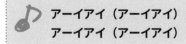
♪ アーイアイ（アーイアイ）
アーイアイ（アーイアイ）

6

▶ 右側をめくり、4ページ目の右側を開く。

🎵 みなみの　しまの

7

▶ 4ページ目の裏を開く。

🎵 アイアイ（アイアイ）
　　アイアイ（アイアイ）

8

▶ 4ページ目の裏を開いたまま、5ページ目を見せる。

🎵 しっぽの　ながい

9

▶ すぐに6ページ目を開く。

10

▶ 左側をめくり、7ページ目の左側を開く。

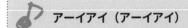
🎵 アーイアイ（アーイアイ）

11

▶ 真ん中をめくり、7ページ目の真ん中を開く。

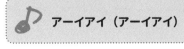
🎵 アーイアイ（アーイアイ）

12

▶ 右側をめくり、7ページ目の右側を開く。

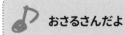
🎵 おさるさんだよ

▶ 8ページ目を開く。

かわいいアイアイがたくさん出てきましたね。南の島に棲んでいて、しっぽがとっても長いんですね。じゃあ、続きの2番も歌ってみましょう。

まだまだ
いくよ～！

2番

▶ 左側をめくり、9ページ目の左側を開く。

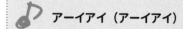

🎵 アーイアイ（アーイアイ）

▶ 真ん中をめくり、9ページ目の真ん中を開く。

🎵 アーイアイ（アーイアイ）

▶ 右側をめくり、9ページ目の右側を開く。

🎵 おさるさんだね

歌って楽しむ

17

▶ 10ページ目を開く。

♪ アーイアイ（アーイアイ）
　アーイアイ（アーイアイ）

18

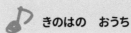

▶ 右側をめくり、11ページ目の右側を開く。

♪ きのはの　おうち

かわいい～

19

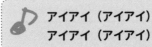

▶ 12ページ目を開く。

♪ アイアイ（アイアイ）
　アイアイ（アイアイ）

▶ 右側をめくり、13ページ目の右側を開く。

♪ **おめめの　まるい**

▶ すぐに14ページ目を開く。

▶ 左側を開き、15ページ目の左側を開く。

♪ **アーイアイ（アーイアイ）**

歌って楽しむ

23

▶ 真ん中をめくり、15ページ目の真ん中を開く。

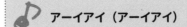
♪ アーイアイ（アーイアイ）

24

▶ 右側をめくり、15ページ目の右側を開く。

♪ おさるさんだね

アイアイは、お目々も大きいんですね。
最後はみんな「バイバイ」って手をふっていましたね。
じゃあ、みんなで一緒に「バイバイ!」って言おうか。
せーの、「バイバーイ!」

バイバーイ！　バイバーイ！

アイアイ

作詞：相田裕美／作曲：宇野誠一郎

1.アーイアイ（アーイアイ）　アーイアイ（アーイアイ）　おさ　るさーんだ　よね
2.アーイアイ（アーイアイ）　アーイアイ（アーイアイ）　おさ　るさーんだ　ね

アーイアイ（アーイ アイ）　アーイアイ（アーイ アイ）　みな　みのしまー　のち
アーイアイ（アーイ アイ）　アーイアイ（アーイ アイ）　きの　はのおうー　ち

アイアイ　　（アイアイ）　アイアイ　　（アイアイ）　しっぽのな　が　い
アイアイ　　（アイアイ）　アイアイ　　（アイアイ）　お　めめのま　る　い

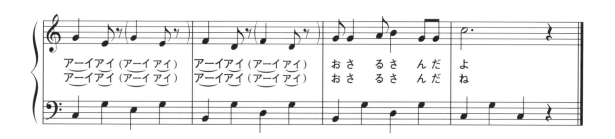

アーイアイ（アーイアイ）　アーイアイ（アーイアイ）　おさ　るさんだ　よ
アーイアイ（アーイアイ）　アーイアイ（アーイアイ）　おさ　るさんだ　ね

犬のおまわりさん

スケッチブックのページを三分割し、犬のおまわりさんが登場する場面や、「おうちをきいてもわからない」「なまえをきいてもわからない」などの場面で、分割したページをめくっていきます。スケッチブックならではのしかけで、歌いながら楽しく展開します。

用意するスケッチブック　型紙は P.96-97

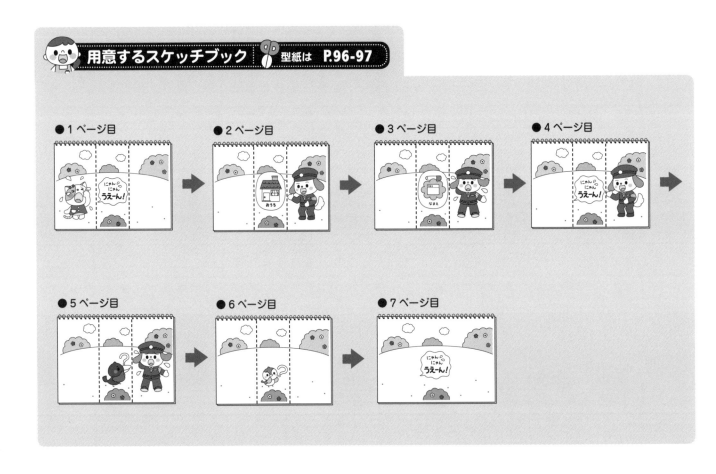

● 1ページ目
● 2ページ目
● 3ページ目
● 4ページ目
● 5ページ目
● 6ページ目
● 7ページ目

1

▶ スケッチブックの1ページ目を見せる。

「おうちがわからなくなっちゃった。どうしよう・・・。
　エーン、エーン・・・。」

あらあら、こねこちゃんは、迷子になっちゃったみたいですね。
じゃあ、みんなで犬のおまわりさんを呼んで、助けてあげましょう。
せーの！　「犬のおまわりさーん！」

1番

2

▶ 右側をめくり、2ページ目の右側を開く。

「はーい、お呼びですか。」

迷子のこねこちゃんを助けてあげてください。

「お安いご用ですよ。」

じゃあみんなで、「♪犬のおまわりさん」の歌を歌ってみましょう。

> ♪ まいごの　まいごの　こねこちゃん
> 　あなたの　おうちは　どこですか

3

▶ 真ん中をめくり、2ページ目の真ん中を開く。

> ♪ おうちをきいても　わからない

▶ 真ん中をめくり、3ページ目の真ん中を開く。

♪ なまえをきいても　わからない

▶ 真ん中をめくり、4ページ目の真ん中を開く。

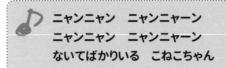

♪ ニャンニャン　ニャンニャーン
ニャンニャン　ニャンニャーン
ないてばかりいる　こねこちゃん

▶ 右側をめくり、3ページ目の右側を開く。

♪ いぬの　おまわりさん　こまってしまって
ワンワン　ワンワーン　ワンワン　ワンワーン

2番

▶ 右側をめくり、4ページ目の右側を開く。

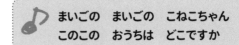

♪ まいごの　まいごの　こねこちゃん
このこの　おうちは　どこですか

8

▶ 真ん中をめくり、5ページ目の真ん中を開く。

♪ からすにきいても　わからない

9

▶ 真ん中をめくり、6ページ目の真ん中を開く。

♪ すずめにきいても　わからない

10

▶ 真ん中をめくり、7ページ目の真ん中を開く。

♪ ニャンニャン　ニャンニャーン
ニャンニャン　ニャンニャーン
ないてばかりいる　こねこちゃん

11

▶ 右側をめくり、5ページ目の右側を開く。

♪ いぬの　おまわりさん　こまってしまって
ワンワン　ワンワーン　ワンワン　ワンワーン

あらあら、こねこちゃんは泣いてばかりで、犬のおまわりさん
は困ってしまったみたいですね。
みんなも、迷子にならないように気をつけましょうね。

犬のおまわりさん

作詞：佐藤義美／作曲：大中 恩

まあるいたまご

「♪まあるいたまご」の歌に合わせて、スケッチブックの分割したページをめくると、卵が割れて、いろいろな生き物が現れます。それぞれの卵を見せる際には、「これは何の卵かな?」「どんな生き物が現れるのかな?」などと問いかけながら進めると、子どもたちのワクワク感は高まり、より楽しめるでしょう。なお、ヘビの卵は黒く色をつけましょう。

用意するスケッチブック　型紙は　P.98-99

● 1ページ目
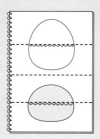

● 2ページ目

● 3ページ目
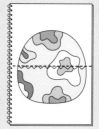

● 4ページ目

● 5ページ目

● 6ページ目

あそびかた

1

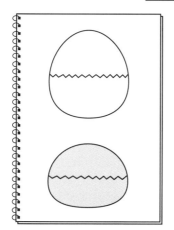

▶ スケッチブックの1ページ目を見せる。

ここに、ふたつの卵があります。これは何の卵だと思う?

▶ 子どもたちの反応を受けて、

じゃあ、みんなで「♪まあるいたまご」の歌を歌ってみましょう。

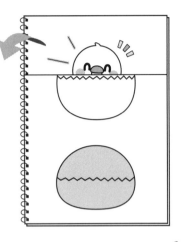

1番

2

▶ 1番上をめくり、2ページ目の1番上を開く。

 まあるい　たまごが
パチンと　われて

ひよこだ〜

3

▶ 上から2番目をめくり、2ページ目の上から2番目を開く。

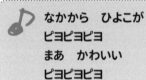 なかから　ひよこが
ピヨピヨピヨ
まあ　かわいい
ピヨピヨピヨ

上の卵は、ひよこさんの卵だったのですね。
じゃあ、下は何の卵かな？
ちょっと小さい卵ですね。
じゃあ、また歌ってみましょう。

2番

4

▶ 上から3番目をめくり、2ページ目の上から3番目を開く。

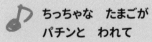 ちっちゃな　たまごが
パチンと　われて

5

 なかから　アリさんが
チョロチョロチョロ
まあ　ちっちゃい
チョロチョロチョロ

小さいたまごは、アリさんの卵でしたね。

6

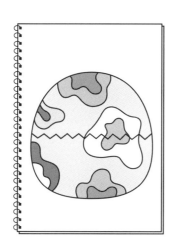

▶ 3ページ目を開く。

じゃあ、これは何の卵だと思う？
今度は、大きくて模様がある卵ですね。
どんな生き物が現れるのかな？
じゃあ、また歌ってみましょう。

3番

7

▶ 上をめくり、4ページ目の上を開く。

 おおきな　たまごが
ドカンと　われて

8

▶ 下をめくり、4ページ目の下を開く。

♪ なかから　かいじゅうが
　ガオガオガオ
　まあ　つよい
　ガオガオガオ

大きくて模様のある卵は、かいじゅうの卵でしたね。

9

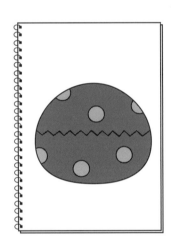

▶ 5ページ目を開く。

じゃあ、これは何の卵だと思う?
今度は、黒い卵ですね。
じゃあ、また歌ってみましょう。

4番

10

▶ 上をめくり、6ページ目の上を開く。

♪ くろい　たまごが
　ブシュッと　われて

▶ 下をめくり、6ページ目の下を開く。

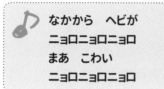

♪ なかから　ヘビが
　ニョロニョロニョロ
　まあ　こわい
　ニョロニョロニョロ

黒い卵は、ヘビの卵でしたね。

いろいろな卵から、いろいろな生き物が現れましたね。

まあるいたまご

作詞／作曲：不詳

1. まあ　　る　い　た　ま　ご　が　　パ　チ　ン　と　わ　れ　て　　な　か　から　ひ　よ　こ　が
2. ちっ　　ちゃ　な　た　ま　ご　が　　パ　チ　ン　と　わ　れ　て　　な　か　か　から　ア　リ　さん　が
3. おお　　き　な　た　ま　ご　が　　ド　カ　ン　と　わ　れ　て　　な　か　か　から　か　いじゅう　が
4. く　　ろ　い　た　ま　ご　が　　ブ　シュッ　と　わ　れ　て　　な　か　か　から　ヘ　ビ　が　ー

ピヨ　ピヨ　ピヨ　　ま　　　　あ　か　わ　い　い　　ピヨ　ピヨ　ピヨ
チョロ　チョロ　チョロ　　ま　ま　　あ　ち　っ　ちゃい　　チョロ　チョロ　チョロ
ガオ　ガオ　ガオ　　ま　ま　ま　あ　つ　よ　い　ー　　ガオ　ガオ　ガオ
ニョロ　ニョロ　ニョロ　　ま　　　　あ　こ　わ　い　ー　　ニョロ　ニョロ　ニョロ

※ 2〜4番は替え歌です。

力太郎

日本の昔話「力太郎」のお話です。力太郎が「えいっ!」っと鉄の棒をふり上げる場面では、力強くセリフを言いながら、タイミングよくスケッチブックのページをめくりましょう。また、ばけもののセリフを言うときは、声色を変えて、低めの声で語るとおもしろいでしょう。

用意するスケッチブック ✂ 型紙は P.99-102

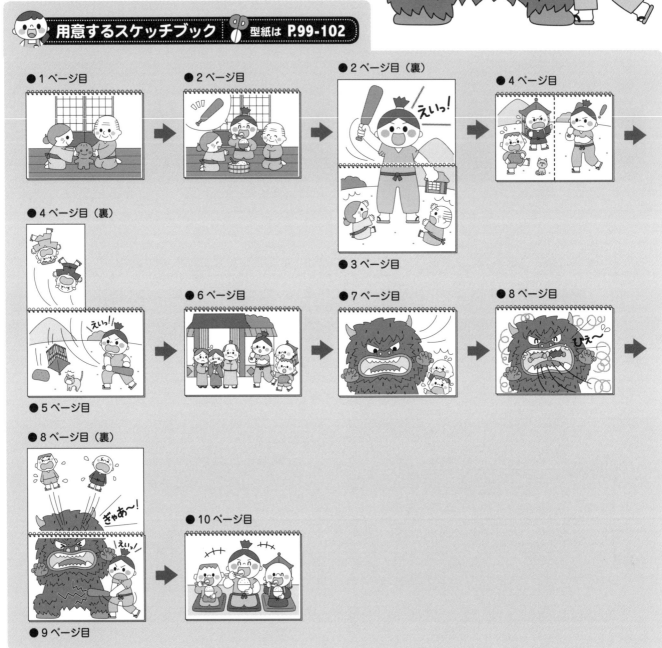

1

▶ スケッチブックの1ページ目を見せる。

昔々、あるところに、お風呂が大嫌いなおじいさんとおばあさんがいました。
体には垢がたくさんたまっていたので、その垢を集めて人形を作りました。

名作を楽しむ

2

▶ 2ページ目を開く。

すると、その人形はいつの間にか動き出したので、ご飯を食べさせたところ、元気な男の子になりました。
男の子は、ご飯を一杯食べれば一杯分、二杯食べれば二杯分大きくなり、しまいには、一度に百杯分のご飯を平らげるようになり、ぐんぐん大きくなりました。すると男の子は言いました。

 「おら、力試しの旅に出るから、太い鉄の棒を
こしらえてくれないか。」

3

▶ 2ページ目の裏と、3ページ目を開く。

おじいさんたちは、立派な鉄の棒を作ってあげました。
そして、男の子がその棒をつかんで「えいっ!」っとふり上げると、たちまち見上げるような大男になったのです。
おじいさんは、その男の子に「力太郎」と名づけました。

そうして、力太郎は鉄の棒を持って、旅に出かけました。

4

▶ 4ページ目を開く。

力太郎が旅路を進んでいくと、向こうから、御堂という、お寺にあるお堂をかついだ御堂っこ太郎という男と、どんな石でも割ってしまうという石っこ太郎という男がやって来て、道をふさぎました。

「お前がうわさの力太郎か。おれらは天下の力持ち。力比べなら、お前なんかには負けないぞ。」

「おれらに勝ったら、ここを通してやる。」

5

▶ 右側をめくり、5ページ目の右側を開く。

「何を言う。これでもか！ えいっ！」

力太郎は、力一杯、鉄の棒をふり下ろしました。

6

▶ 5ページ目の右側を開いたまま、4ページ目の裏と5ページ目の左側を開く。

すると、御堂っこ太郎も石っこ太郎も、あっという間に空高く飛ばされました。

「ひえ～！」

「助けてくれ～！」

ふたりとも、力太郎のすごい力に降参しました。

「まいった！」

「どうか、おれらを子分にしてくれ。」

7

▶ 6ページ目を開く。

そうして、力太郎が二人の子分を連れて旅路を進んでいると、大きなお屋敷の前で、若い娘が泣いていました。

 「どうしたのですか?」

 「この村に恐ろしいばけものがやってきて、順番に若い娘を食べてしまいます」

 「今夜は、うちの娘の番なのです。」

 「そうですか。ならば、私たちがそのばけものを退治しましょう。」

8

▶ 7ページ目を開く。

その晩のことです。生臭い風がゴーっと吹いてきたかと思うと、大きなばけものが現れました。

 「ば、ばけものだ!」

 「こ、怖い・・・。」

待ち構えていた御堂っこ太郎と石っこ太郎は、恐怖で足がすくみました。

9

▶ 8ページ目を開く。

 「何だ、お前ら。お前らなんか、ひと飲みだ。ス〜!」

 「ひえ〜!」

ばけものが息を吸い込むと、ふたりは掃除機に吸い込まれるように、ばけものの口の中に吸い込まれてしまいました。

名作を楽しむ

10

▶ 9ページ目を開く。

「おれの子分たちに何をする！
こらしめてやる。えいっ！」

力太郎は、ばけもののお腹を鉄の棒で力一杯打ちつけました。

「ぎゃあ～！！」

11

▶ 9ページ目を開いたまま、8ページ目の裏を開く。

すると、ばけものの鼻の穴から、御堂っこ太郎と石っこ太郎
が勢いよく飛び出してきました。

「うわ～！！」

そして、ばけものはその場に倒れてしまいました。

12

▶ 10ページ目を開く。

ばけものを倒し、娘を助けたお礼に、力太郎たちは、
お腹一杯ご飯をごちそうになりました。

「もぐもぐ・・・。」

「うまいなあ・・・。」

「おいしいね！」

よかったね！

3匹の子ぶた

イギリスの昔話の「3匹の子ぶた」のお話です。子ぶたたちが作った
わらの家や木の家にオオカミが息を吹きかけて家が吹き飛ばされる場
面では、タイミングよくスケッチブックのページをめくりましょう。また、
オオカミは悪びれない様子で、声色を変えて演じるとおもしろいでしょう。

用意するスケッチブック ✂ **型紙は P.103-106**

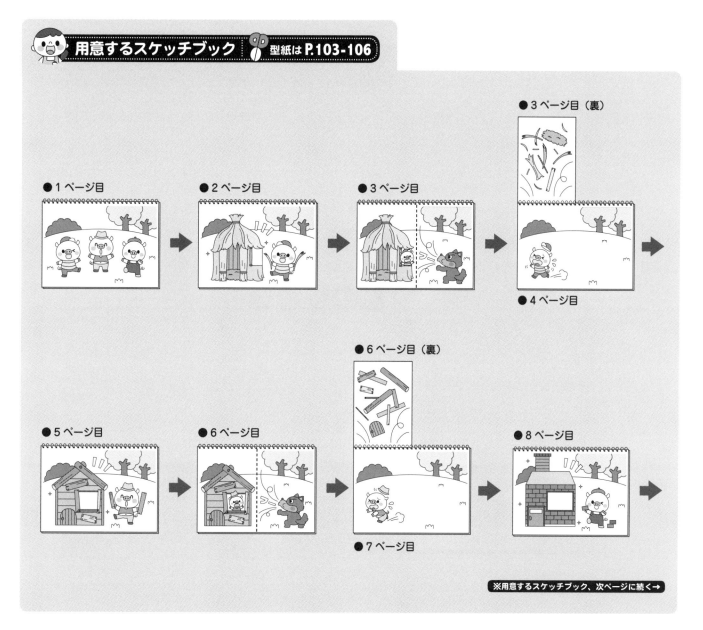

● 1ページ目

● 2ページ目

● 3ページ目

● 3ページ目（裏）

● 4ページ目

● 5ページ目

● 6ページ目

● 6ページ目（裏）

● 7ページ目

● 8ページ目

※用意するスケッチブック、次ページに続く→

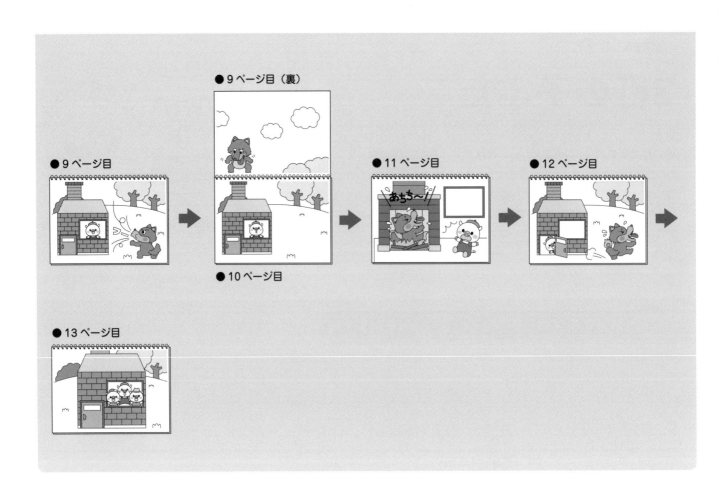

● 9ページ目（裏）

● 9ページ目

● 10ページ目

● 11ページ目

● 12ページ目

● 13ページ目

あそびかた

1

▶ スケッチブックの1ページ目を見せる。

あるところに、3匹の子ぶたの兄弟がいました。
3匹は、それぞれ自分の家を作ることになりました。
子ぶたたちは、どんな家を作るのかな。

2

▶ 2ページ目を開く。

1番目の子ぶたが作った家は・・・。

 「ぼくは、わらの家を作ったよ。」

3

▶ 3ページ目を開く。

1番目の子ぶたが家の中で休んでいると、恐ろしいオオカミがやって来ました。

 「子ぶたの家だな。わらの家なんて吹き飛ばして、襲ってやる。フーッ!」

4

▶ 3ページ目の右側を開いたまま、3ページ目の裏と4ページ目の左側を開く。

わらの家はオオカミに吹き飛ばされてしまい、1番目の子ぶたは、慌てて逃げていきました。

 「ひえ〜!」

5

▶ 5ページ目を開く。

2番目の子ぶたが作った家は、どんな家かな?

 「ぼくは、木の家を作ったよ。」

6

▶ 6ページ目を開く。

2番目の子ぶたが家の中で休んでいると、またオオカミがやって来ました。

 「木の家なんて吹き飛ばして、襲ってやる。
　　フーッ!」

7

▶ 6ページ目の右側を開いたまま、6ページ目の裏と7ページ目の左側を開く。

木の家はオオカミに吹き飛ばされてしまい、2番目の子ぶたは、慌てて逃げていきました。

 「助けて〜!」

▶ 8ページ目を開く。

わらの家も木の家も、オオカミに吹き飛ばされてしまいました。
3番目の子ぶたが作った家は・・・。

「ぼくは、丈夫なレンガの家を作ったよ。」

▶ 9ページ目を開く。

3番目の子ぶたが家の中で休んでいると、またまたオオカミが
やって来ました。

「レンガの家なんて吹き飛ばして、襲ってやる。
　　フーッ!」

ところが、いくらオオカミが吹き飛ばそうとしても、レンガの家
はびくともしません。

「おかしいな、吹き飛ばないぞ・・・。」

▶ 9ページ目の裏と、10ページ目を開く。

「ちきしょう!　こうなったら、煙突から家の中に
　　入って、子ぶたを襲ってやる!」

そうして、オオカミは煙突から家の中に入っていきました。
すると・・・。

11

▶ 11ページ目を開く。

オオカミは煙突から暖炉に落ちてしまったので、さあ大変！
しっぽに火がついてしまいました。

「あちち〜！」

家の中にいた3番目の子ぶたもびっくり！

12

▶ 12ページ目を開く。

オオカミは、慌てて森の中に逃げて行ってしまいました。

「助けてくれ〜！」

「やった〜！」

13

▶ 13ページ目を開く。

「よかったね！」

それ以来、オオカミは二度とやって来ませんでした。そして、
3匹の子ぶたは、レンガの家でいつまでも仲よく暮らしました。
めでたし、めでたし。

大きなかぶ

子どもたちに人気のロシア民話「大きなかぶ」をスケッチブックで演じます。おじいさんとおばあさんが育てたかぶは、大きく成長します。お父さんやお母さん、子どもやイヌ、ネコやネズミなどが次々登場する場面では、スケッチブックならではのしかけで展開します。なお、かぶを抜く場面では、子どもたちと一緒に、「よいしょ、こらしょ、よいこらしょ!」とリズミカルにかけ声をかけながら演じると、盛り上がるでしょう。

用意するスケッチブック　型紙はP.107-108

● 1ページ目

● 2ページ目

● 3ページ目

● 4ページ目

● 5ページ目（裏）

● 5ページ目

● 6ページ目

● 7ページ目

① 型紙を拡大コピーして色をぬり、画用紙または
スケッチブックを切り離したものに貼ります。

② 山折り線を折り、のりしろ部分にのりをつけて、スケッチ
ブックの5ページ目の裏の右端にそろえるように貼ります。

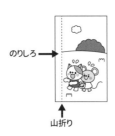

のりしろ→

↑
山折り

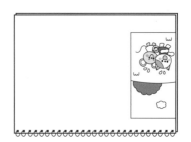

あそびかた

1

▶ スケッチブックの1ページ目を見せる。

あるところに、働き者のおじいさんとおばあさんがいました。
今日は、畑にかぶの種をまいたようですよ。

「よし、かぶの種がまけたぞ。
毎日世話をして、大切に育てよう。」

「そうしましょう。
甘くておいしいかぶになりますように。」

2

▶ 2ページ目を開く。

そして、おじいさんとおばあさんは、来る日も来る日も水をあ
げて、一生懸命世話をしました。
すると、かぶはぐんぐん育って、とても大きくなりました！

「なんとまあ、見事なかぶになったぞ！」

「嬉しいですね！」

3

▶ 3ページ目を開く。

「よし、では抜いてみよう！
　よいしょ、こらしょ、よいこらしょ！」

「ダメだ、抜けないなあ。」

4

▶ スケッチブックの4ページ目を見せる。

「じゃあ、私も手伝いますよ。」

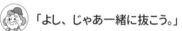「よし、じゃあ一緒に抜こう。」

「まだ抜けないなあ・・・。
　よいしょ、こらしょ、よいこらしょ！」

それでも、やっぱりまだかぶは抜けません。

5

▶ 真ん中をめくり、5ページ目の真ん中を開く。

そこで、お父さんとお母さんを呼んで、手伝ってもらうことにしました。

「抜けないほど大きなかぶというのは、
　これのことだね。」

「よし、じゃあ一緒に抜こう。」

「よいしょ、こらしょ、よいこらしょ！」

それでも、やっぱりまだかぶは抜けません。

▶ 右側をめくり、5ページ目の右側を開く。

そこで、子どもとイヌを呼んで、手伝ってもらうことにしました。

 「抜けないほど大きなかぶというのは、
あれのことだね。」

 「よし、じゃあ一緒に抜こう。」

 「よいしょ、こらしょ、よいこらしょ!」

それでも、やっぱりまだかぶは抜けません。

▶ 5ページ目の裏のしかけを開く。

 「抜けないほど大きなかぶというのは、
あれのことだニャン!」

 「よし、じゃあ一緒に抜こう。」

 「よいしょ、こらしょ、よいこらしょ!」

それでも、やっぱりまだかぶは抜けません。

 「もう一回、みんなで力を合わせて
やってみようチュウ!」

 「よし、じゃあみんなで力を合わせて・・・。
よいしょ、こらしょ、よいこらしょ!」

みんなは、力を合わせて一生懸命かぶを抜こうとしました。するとどうでしょう!

よいしょ、こらしょ!

がんばれ〜

▶ 5ページ目の裏のしかけをたたんで、6ページ目を開く。

ついに、かぶは抜けました。

 「やったー！　ついにかぶが抜けたぞ！」

 「なんて、大きなかぶなんでしょう！」

 「やったー！」

 「じゃあ、このかぶでいろいろなお料理を作って、
　　みんなで食べましょう。」

▶ 7ページ目を開く。

そして、おばあさんは、いろいろなかぶのお料理を作りました。
テーブルには、かぶのごちそうがたくさん並んでいます。
かぶのスープにかぶのサラダ、かぶのソテーにかぶのピザ。
とってもおいしそうにできました！

 「さあ、かぶのお料理ができましたよ。
　　みんなで食べましょう。」

そうして、みんなでかぶのお料理をおいしく食べたそうですよ。
よかったね！

正しくわたろう横断歩道

信号のない横断歩道、信号のある横断歩道の正しい渡り方を、スケッチブックで楽しく展開し、交通ルールをわかりやすく教えます。スケッチブックに色をぬる際には、赤信号は赤色で、青信号は青色ではっきりさせるといいでしょう。最後は、信号についておさらいします。

用意するスケッチブック ✂ 型紙は **P.109-112**

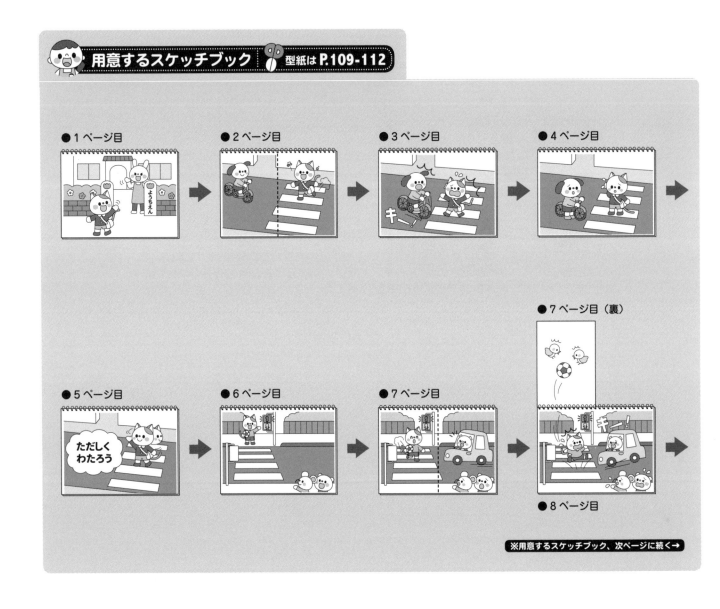

●1ページ目 　●2ページ目 　●3ページ目 　●4ページ目

●5ページ目 　●6ページ目 　●7ページ目 　●7ページ目（裏）　●8ページ目

※用意するスケッチブック、次ページに続く→

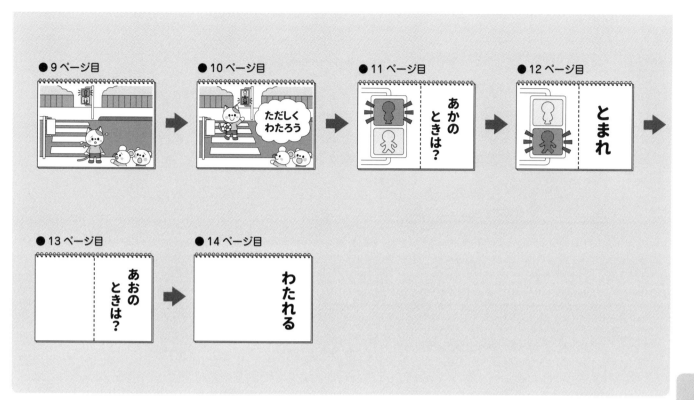

● 9ページ目　　● 10ページ目　　● 11ページ目　　● 12ページ目

● 13ページ目　　● 14ページ目

あそびかた

1

▶ スケッチブックの1ページ目を見せる。

ネコくんが幼稚園から帰るときのことです。

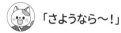「さようなら〜!」

「さようなら〜!　気をつけてね!」

2

▶ 2ページ目を開く。

ネコくんは、横断歩道にさしかかりました。
信号のない横断歩道です。
ネコくんは右も左も確認せずに、横断歩道に飛び出して行きました。

3

▶ 左側をめくり、左側の3ページ目を開く。

すると、向こうから自転車がやって来ました。

 「危ない!　ぶつかる!」

4

▶ 右側をめくり、右側の3ページ目を開く。

「きゃあ〜!!」

キーッ!　自転車は急ブレーキを踏んで止まりました。

5

▶ 4ページ目を開く。

 「大丈夫? 飛び出したら危ないよ。」

 「ごめんなさい。」

ネコくんは、もう少しで自転車とぶつかるところでしたね。
危なかったね。

6

ただしく
わたろう

▶ 5ページ目を開く。

信号のない横断歩道を渡るときはどうしたらいいか、
みんなわかるかな?

▶ 子どもたちの反応を受けて・・・。

そうだね、車や自転車などが来ないか、右と左をちゃんと
確認して、手をあげてゆっくり渡ろうね。

7

▶ 6ページ目を開く。

さて、ネコくんは今日はお友だちとサッカーをしてあそぶ約束を
していました。
信号のある横断歩道の向こうでお友だちが待っています。

8

▶ 7ページ目を開く。

あらあら、ネコくんは信号が赤なのに、横断歩道を渡ってしまいました。

9

▶ 右側をめくり、右側の8ページ目を開く。

すると、向こうから車が近づいて来ました。
危ない！　ぶつかる！

10

▶ 右側の8ページ目を開いたまま、7ページ目の裏と左側の8ページ目を開く。

車が急ブレーキを踏みました。
キキキー！

「きゃあ〜！！」

11

▶ 9ページ目を開く。

「赤信号のときは、渡っちゃだめだよ。」

「ごめんなさい。」

ネコくんは、もう少しで車とぶつかるところでしたね。
危なかったね。

12

ただしく
わたろう

▶ 10ページ目を開く。

信号のある横断歩道を渡るときはどうしたらいいか、
みんなわかるかな?

▶ 子どもたちの反応を受けて・・・。

そうだね、信号が青になったら、右と左を確認して、
手をあげてゆっくり渡ろうね。

13

あかの
ときは?

▶ 11ページ目を開く。

じゃあ、もう一度信号について、おさらいしましょう。
信号が赤のときは、どうするんだっけ?

14

▶ 右側をめくり、右側の12ページ目を開いて、子どもたちの
　反応を受け・・・。

そうですね。信号が赤のときは「止まれ」だから、
横断歩道は渡れないですね。

15

▶ 左側をめくり、左側の12ページ目を開き、右側をめくり、
　右側の13ページ目を開いて、子どもたちの反応を受け・・・。

じゃあ、信号が青のときは、どうするんだっけ？

16

▶ 右側をめくり、右側の14ページ目を開いて、
　子どもたちの反応を受け・・・。

そうですね。信号が青のときは「渡れる」だから、横断歩道は
渡っていいんですね。
みんなも、交通ルールを守って、正しく安全に横断歩道を渡り
ましょうね。

動物村の運動会

今日は動物村の運動会。動物たちがはりきって徒競走や玉入れ、つなひきに挑みます。スケッチブックのさまざまなしかけで、次々と場面が変わり、動きのある展開になっています。玉入れやつなひきの型紙を色づけする際には、ページの左側は紅組、右側は白組になるようにしましょう。

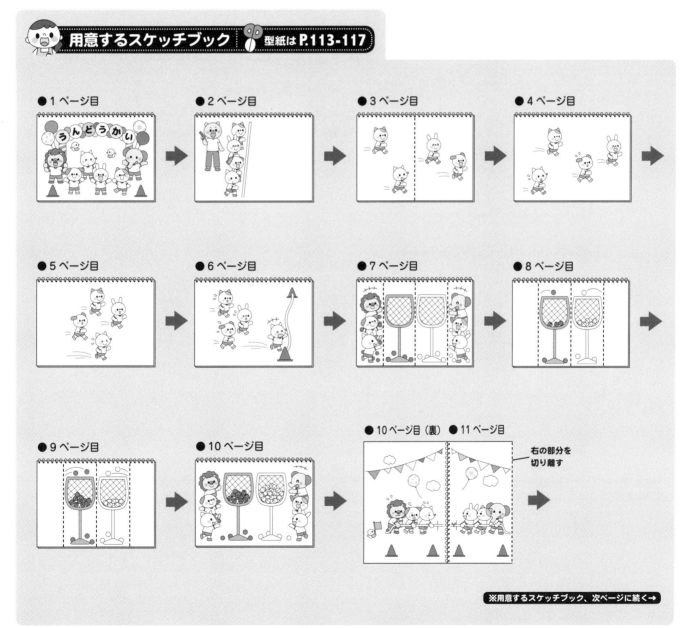

※用意するスケッチブック、次ページに続く→

1

▶ スケッチブックの1ページ目を見せる。

今日は動物村の運動会です。
徒競走、玉入れ、つなひきをするみたいですよ。
みんなとってもはりきっています。

（みんな）「頑張るぞ～!」

2

▶ 2ページ目を開く。

まずは徒競走です。ネコさん、ウサギさん、イヌさん、
キツネさんが並んでいます。

「位置について～、よーい、ドン!」

3

▶ 3ページ目を開く。

まずは、イヌさんが飛び出して行きました。
ウサギさんが次に続いています。

4

▶ 右側をめくり、右側の4ページ目を開く。

あらあら、ウサギさんがイヌさんを抜かして、先頭に立ちました。

5

▶ 左側をめくり、左側の4ページ目を開く。

あれっ、最後を走っていたネコさんが、キツネさんを
抜かしました。

6

▶ 5ページ目を開く。

おやおや、最後だったキツネさんが、追い上げてきました。
すごい速さです!

7

▶ 6ページ目を開く。

そして、キツネさんが見事、1番にゴールしました。

 「やった〜! ぼくが1番だ!」

キツネさんは、とっても嬉しそうですね。

8

▶ 7ページ目を開く。

次の競技は玉入れです。紅組と白組に分かれています。
さあ、玉入れスタート！

9

▶ 右の真ん中をめくり、右の真ん中の8ページ目を開く。

あっ、白組に少し玉が入りましたね。
紅組も頑張って！

10

▶ 左の真ん中をめくり、左の真ん中の8ページ目を開く。

おや、紅組にも少し玉が入りましたよ。
でも、白組の玉の方が少し多いみたいですね。

11

▶ 右の真ん中をめくり、右の真ん中の9ページ目を開く。

あっ、白組にまた少し玉が入りましたね。
紅組も頑張って！

12

▶ 左の真ん中をめくり、左の真ん中の9ページ目を開く。

おやおや、紅組にもまた玉が入りましたよ。
今度は、紅組の玉の方が少し多いみたいですね。

13

▶ 10ページ目を開く。

玉入れ、終わり～！
さあ、どっちの方が玉が多いかな？
みんな、どっちだと思う？

▶ 子どもたちの反応を受けて・・・。

そうだね、白組の方が玉が多いね。
ということで、玉入れは白組の勝ち～。

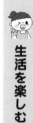

生活を楽しむ

14

▶ スケッチブックを縦にし、10ページ目の裏
と11ページ目を開く。
12ページ目の右側も見えている。

さて、次はつなひきです。
左が紅組、右が白組です。
よーい、スタート！

紅組も白組も、頑張れ～！
おやおや、白組の方が少し力が強い
みたいですね。

15

▶ 11ページ目をめくり、11ページ目の裏と
　12ページ目を開く。
　10ページ目の裏の左側も見えている。

あっ、今度は紅組が頑張って強く引っ張って
います！

16

▶ 11ページ目を戻し、10ページ目の裏と
　11ページ目を開く。
　12ページ目の右側も見えている。

と思ったら、白組も負けずに引っ張って
いますね！

17

▶ 11ページ目をめくり、11ページ目の裏と
　12ページ目を開く。
　10ページ目の裏の左側も見えている。

あっ、今度はまた紅組の方が強いみたいです！

18

▶ 11ページ目を戻し、10ページ目の裏と
　11ページ目を開く。
　12ページ目の右側も見えている。

と思ったら、また白組が強く引っ張っていますね！

19

▶ 12ページ目の裏と13ページ目を開く。

最後は、紅組がグーっと綱を引いて、
紅組が勝ちました！
紅組のみんなは、大喜びですね。

でも、紅組も白組も、よく頑張りましたね！

20

▶ スケッチブックを横に戻し、14ページ目を開く。

みんな、一生懸命頑張ったから、お腹がペコペコ。
お昼は、青空の下で、みんなで大きな大きなおにぎりを
食べました。
ゾウさんのおにぎりは、特に大きいですね。みんなおいしそう！
よかったね！

楽しいお正月

今日はお正月。家族みんなでおせち料理やお雑煮を食べたり、羽根つきをしたり、凧揚げをしたり・・・。スケッチブックのページを開いたり閉じたりすることで、交互に羽根をつく羽根つきの動きを出したり、凧揚げで凧が揚がる様子をスケッチブックで楽しく表現します。家族それぞれの声は、声色を変えて表情豊かに表現するとおもしろいでしょう。

用意するスケッチブック　型紙は P.117-120

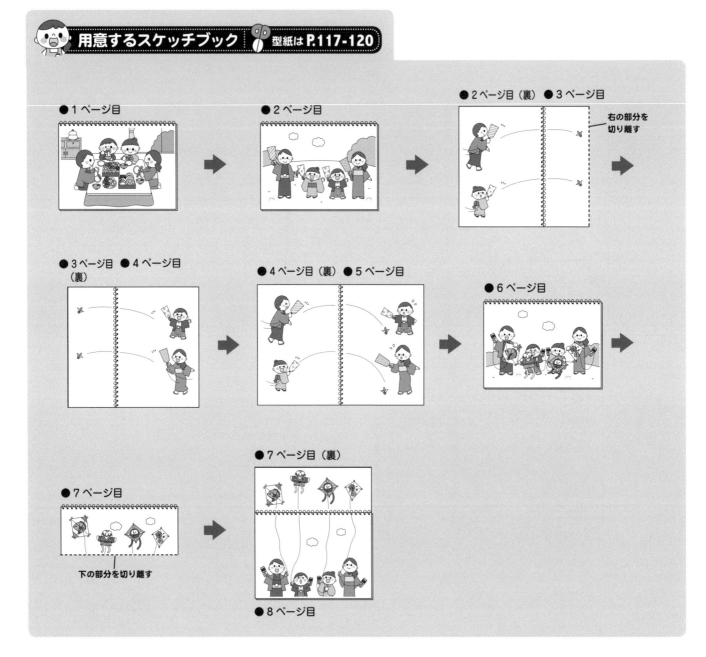

1

▶ スケッチブックの1ページ目を見せる。

今日はお正月です。男の子と女の子とお父さんとお母さん、家族みんなでおせち料理やお雑煮を食べています。

「おいしいね!」　「うん、おいしい!」

「たくさん食べてね。」

「食べ終わったら、みんなで外で遊ぼうか。」

「やったー!」　「私、羽根つきがしたいな!」

2

▶ 2ページ目を開く。

そこで、みんなで広場で羽根つきをすることになりました。

3

▶ スケッチブックを縦にし、2ページ目の裏と
　　3ページ目を開く。
　　4ページ目の右側も見えている。

男の子とお父さん、女の子とお母さんが勝負します。
最初に、お父さんと女の子が羽根をつきました。

「よし、いくぞ!　ほいっ!」

「えーいっ!」

生活を楽しむ

4

▶ 3ページ目をめくり、3ページ目の裏と
　4ページ目を開く。
　2ページ目の裏の左側も見えている。

男の子とお母さんが羽根をつき返しました。

「えいっ!」

「そーら!」

5

▶ 3ページ目を戻し、2ページ目の裏と
　3ページ目を開く。
　4ページ目の右側も見えている。

お父さんと女の子も羽根をつき返しました。

「ほいっ!」

「えーいっ!」

6

▶ 3ページ目をめくり、3ページ目の裏と
　4ページ目を開く。
　2ページ目の裏の左側も見えている。

また男の子とお母さんも羽根をつき返しました。
勝負はつくのかな?

 「えいっ!」

 「そーら!」

7

▶ 4ページ目の裏と5ページ目を開く。

あっ、男の子とお母さんが羽根を落として
しまいました。
羽根つきは、お父さんと女の子の勝ちですね。

「やった～!」

8

▶ スケッチブックを横に戻し、6ページ目を開く。

羽根つきの次は、凧揚げです。
みんなひとつずつ手に凧を持っています。
どれも、かっこいい凧ですね!
さあ、誰が一番高くまで凧を揚げられるかな?

「よーし、高くまで揚げるぞー!」

9

▶ 7ページ目を開く。下は8ページ目が見えている。

あっ、お父さんが一番高く揚げていますね。
凧はぐんぐん揚がっていきます。

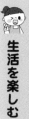

生活を楽しむ

10

▶ 7ページ目をめくり、7ページ目の裏と8ページ目を開く。

風に乗ってグーンと高く揚がって、男の子の凧が一番高く揚がりました!

 「やったー、ぼくの凧が一番高く揚がったぞ!」

家族みんなでおせち料理やお雑煮を食べたり、羽根つきや凧揚げであそんだりして、とっても楽しいお正月でした。おしまい。

隠れているのはだあれ？

？マークのページの下には、何かが隠れています。？マークのページを4分割して、少しずつページを開いて、何が隠れているのかをあてます。隠れているのは、ゾウ、ヘリコプター、キリン、ロボットです。なお、言葉がけは、子どもたちの反応に合わせて臨機応変に変えてください。「何が隠れているのかな？」「何だろう？ 何だろう？」などと盛り上げながら、分割したページをゆっくりめくっていくと、子どもたちの期待感が高まって楽しいでしょう。

用意するスケッチブック | 型紙は **P.120-121**

● 1 ページ目 → ● 2 ページ目 → ● 3 ページ目 → ● 4 ページ目

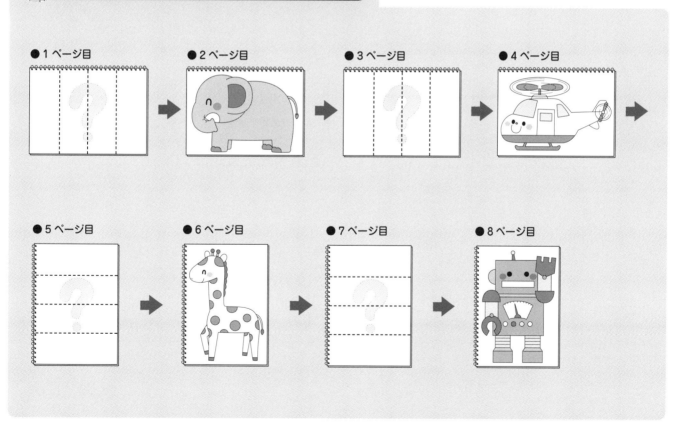

● 5 ページ目 → ● 6 ページ目 → ● 7 ページ目 → ● 8 ページ目

1

▶ スケッチブックの1ページ目を見せる。

このページを開くと、誰かがいるよ。
ちょっとずつ開けていくから、誰が隠れているのか、あててね。

2

▶ 1番右側をめくり、2ページ目の1番右側を開く。

しっぽのようなものが見えたね。
誰かな？

3

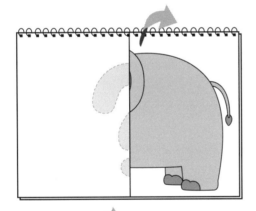

▶ 真ん中の右側をめくり、2ページ目の真ん中の右側を開く。

大きな動物のようだね。
誰かな？

4

▶ 真ん中の左側をめくり、2ページ目の真ん中の左側を開く。

これで、誰だかわかるかな？

5

▶ 子どもたちの反応を受け、1番左側をめくり、2ページ目の
1番左側を開く。

あたり〜！　大きなゾウさんでしたね。

6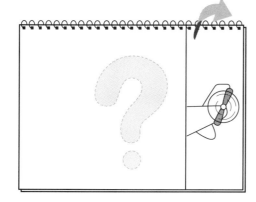

▶ スケッチブックの3ページ目を開く。

じゃあ、今度は何だかわかるかな？

7

▶ 1番右側をめくり、4ページ目の1番右側を開く。

おやおや、今度は何だろうね？

なんだろう‥

8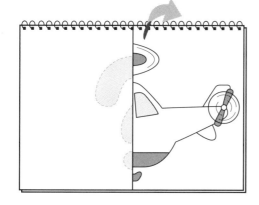

▶ 真ん中の右側をめくり、4ページ目の真ん中の右側を開く。

何だろう？　生き物じゃないかもしれないね。

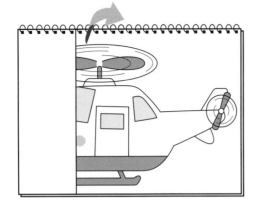

▶ 真ん中の左側をめくり、4ページ目の真ん中の左側を開く。

もう、わかったかな？

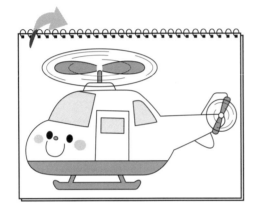

▶ 子どもたちの反応を受け、1番左側をめくり、4ページ目の
　1番左側を開く。

大あたり〜！　ヘリコプターでしたね。

▶ スケッチブックを縦にし、5ページ目を開く。

じゃあ、今度は誰だかわかるかな？
今度は縦長だよ。

12

▶ 1番下をめくり、6ページ目の1番下を開く。

おやおや、誰だろう?
長い足が見えるね。

13

▶ 下から2番目をめくり、6ページ目の下から2番目を開く。

誰か、わかるかな?

14

▶ 下から3番目をめくり、6ページ目の下から3番目を開く。

首が長いね。もうわかったかな?

▶ 子どもたちの反応を受け、1番上をめくり、6ページ目の1番上を開く。

あたり〜！　キリンさんでしたね。

▶ 7ページ目を開く。

じゃあ、今度は何だかわかるかな？
これで最後だよ。

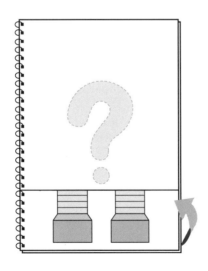

▶ 1番下をめくり、8ページ目の1番下を開く。

何だろうね？
見えているのは、足かな？

18

▶ 下から2番目をめくり、8ページ目の下から2番目を開く。

何だろうね？

19

▶ 下から3番目をめくり、8ページ目の下から3番目を開く。

もう、わかったかな？

20

▶ 子どもたちの反応を受け、1番上をめくり、8ページ目の
　1番上を開く。

大あたり〜！　ロボットでした。
みんな、よくわかったね！

しりとりなあに？

上下の絵を見ながら、しりとりをしていきます。「すいか」からスタートし、大きな絵と小さな絵の2つに分かれて、「かさ」「かたつむり」と続きます。しかし途中で、「ぬりえ」「ミルク」の次が、「えんぴつ」「くつ」と、どちらも「つ」で終わり、ひとつの絵に戻ります。最後は「すいか」になり、最初に戻ります。「すいか」からスタートし、「すいか」で終わるしりとりです。発展的に、しりとりで続くものは、絵のもの以外にどんなものがあるか、子どもたちに聞いてもいいでしょう。

用意するスケッチブック 型紙はP.122-123

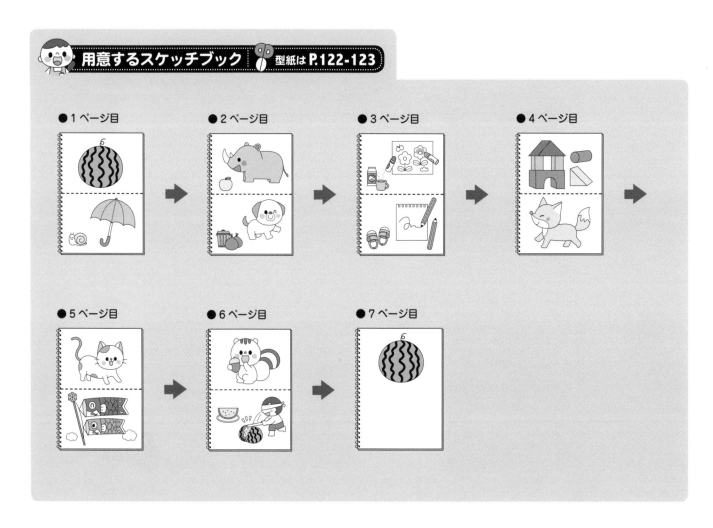

1

▶ スケッチブックの1ページ目を見せる。

今日は、絵を見ながら、みんなでしりとりをするよ。
上の絵は何かな?

A すいか

じゃあ、すいかの「か」に続くしりとりの下の絵は何かな?

A かさ（すいか→かさ）

おやおや、左下に小さな絵があるよ。何だろう?

A かたつむり（すいか→かたつむり）

2

▶ 上をめくり、2ページ目の上を開く。

じゃあ今度は、「かさ」と「かたつむり」に続くしりとりだよ。
大きな絵は何かな?

A サイ（かさ→サイ）

じゃあ、下の小さな絵は何かな?

A りんご（かたつむり→りんご）

3

▶ 下をめくり、2ページ目の下を開く。

じゃあ今度は、「サイ」と「りんご」に続くしりとりだよ。
大きな絵は何かな?

A イヌ（サイ→イヌ）

じゃあ、下の小さな絵は何かな?

A ごみ（りんご→ごみ）

クイズを楽しむ

4

▶ 上をめくり、3ページ目の上を開く。

じゃあ今度は、「イヌ」と「ごみ」に続くしりとりだよ。
大きな絵は何かな？

Ⓐ **ぬりえ**（イヌ→ぬりえ）

じゃあ、下の小さな絵は何かわかるかな？

Ⓐ **ミルク**（ごみ→ミルク）

5

▶ 下をめくり、3ページ目の下を開く。

じゃあ今度は、「ぬりえ」と「ミルク」に続くしりとりだよ。
大きな絵は何かな？

Ⓐ **えんぴつ**（ぬりえ→えんぴつ）

じゃあ、下の小さな絵は何かな？

Ⓐ **くつ**（ミルク→くつ）

ということは、あらあら、「えんぴつ」も「くつ」も最後の文字は、
同じ「つ」になるね。

6

▶ 上をめくり、4ページ目の上を開く。

じゃあ今度は、「えんぴつ」と「くつ」の「つ」に続くしりとりだよ。
何の絵かな？

Ⓐ **つみき**（えんぴつ→つみき、くつ→つみき）

7

▶ 下をめくり、4ページ目の下を開く。

じゃあ今度は、「つみき」に続くしりとりだよ。何の絵かな？

Ⓐ キツネ（つみき→キツネ）

8

▶ 上をめくり、5ページ目の上を開く。

じゃあ今度は、「キツネ」に続くしりとりだよ。何の絵かな？

Ⓐ ネコ（キツネ→ネコ）

ネコ！

9

▶ 下をめくり、5ページ目の下を開く。

じゃあ今度は、「ネコ」に続くしりとりだよ。何の絵かな？

Ⓐ こいのぼり（ネコ→こいのぼり）

こいのぼり！

10

▶ 上をめくり、6ページ目の上を開く。

じゃあ今度は、「こいのぼり」に続くしりとりだよ。何の絵かな?

Ⓐ リス（こいのぼり→リス）

11

▶ 下をめくり、6ページ目の下を開く。

じゃあ今度は、「リス」に続くしりとりだよ。何の絵かな?

Ⓐ すいか（すいかわり）

リス→すいかとか、すいかわり、と続くんだね。
ということは・・・、
みんな、最初の絵を覚えているかな?

12

▶ 子どもたちの反応をうけて、上をめくり、7ページ目を開く。

そうだね、最初は「すいか」だったから、最初に
戻っちゃったんだね。

「すいか」からスタートして、最後も「すいか」なんて、
しりとりっておもしろいね。

穴から見えるものは?

ある絵の一部が穴から見えるようになっています。スケッチブックをめくっていくたびに穴が増え、少しずつ絵が見えていき、穴から見えるものを子どもたちがあてます。穴から見えるものは、ライオン、お城、クジラ、クリスマスツリーです。子どもたちに答えが出ない場合は、たとえば「動物園の人気者だよ」(ライオン)、「王様が住んでいるところだよ」(お城)などとヒントを出してあげるといいでしょう。

用意するスケッチブック　型紙は P.124-127

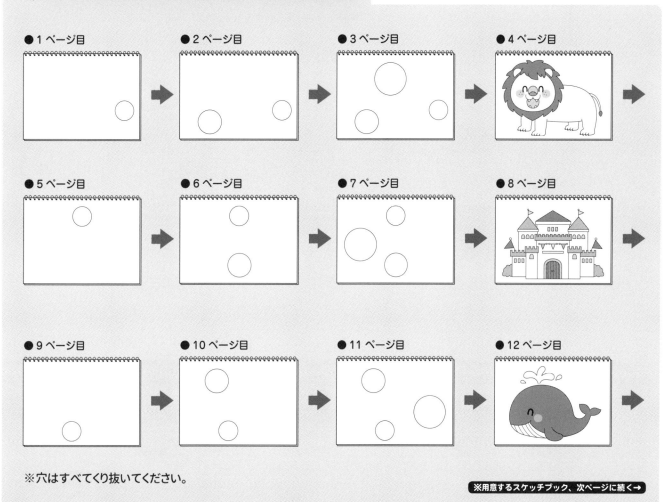

●1 ページ目　●2 ページ目　●3 ページ目　●4 ページ目

●5 ページ目　●6 ページ目　●7 ページ目　●8 ページ目

●9 ページ目　●10 ページ目　●11 ページ目　●12 ページ目

※穴はすべてくり抜いてください。

※用意するスケッチブック、次ページに続く→

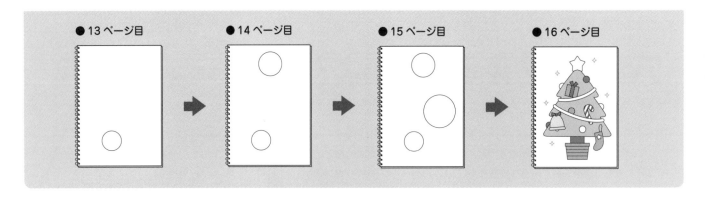

あそびかた

1

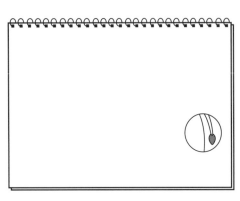

▶ スケッチブックの1ページ目を見せる。

穴から見えるものは何かな?

みんな、あててね。

▶ 2ページ目を開く。

もうひとつ穴が開いたよ。これで何か、わかるかな?

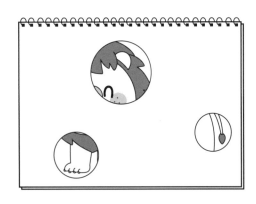

▶ 3ページ目を開く。

おや、たてがみのようなものが見えるね。

みんな、もうわかったかな?

▶ 子どもたちの反応を受けて、4ページ目を開く。

あったり〜! 穴から見えていたのは、ライオンさんでしたね。

2

▶ 5ページ目を開く。

じゃあ、これは何かわかるかな？
三角の形が見えるね。

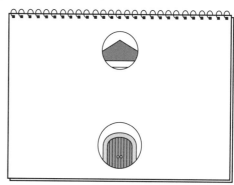

▶ 6ページ目を開く。
何かな、何かな？

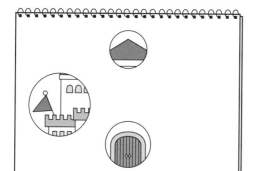

▶ 7ページ目を開く。
これで、わかったかな？

クイズを楽しむ

▶ 子どもたちの反応を受けて、8ページ目を開く。
大あたり〜！
穴から見えていたのは、お城でしたね。
とっても立派なお城ですね。

3

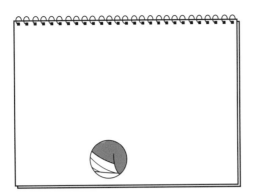

▶ 9ページ目を開く。

じゃあ、これは何かわかるかな？

▶ 10ページ目を開く。

何だろうね？

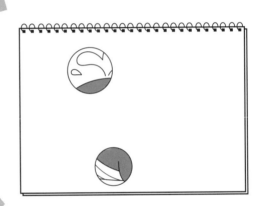

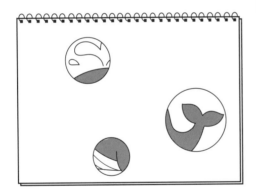

▶ 11ページ目を開く。

もう、わかったかな？

クジラだ〜

▶ 子どもたちの反応を受けて、12ページ目を開く。

大あたり〜！
穴から見えていたのは
大きなクジラさんでした〜。

4

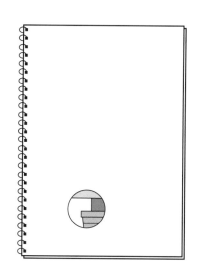

▶ スケッチブックを縦にし、13ページ目を開く。

今度で最後です。これは何かわかるかな?

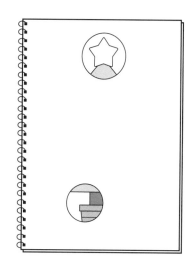

▶ 14ページ目を開く。
星が見えるね。何かな?

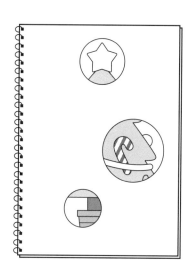

▶ 15ページ目を開く。
これで、わかったかな?

▶ 子どもたちの反応を受けて、16ページ目を開く。
大あたり〜!
穴から見えていたのは、クリスマスツリーでしたね。
みんな、よくわかったね!

クイズを楽しむ

COLUMN

👆 スケッチブックの汎用性

　公園や景色のいい場所に行くと、スケッチブックを使ってスケッチをしている人を見かけることがありますね。風景や人物をスケッチされる方は、便利な画材のひとつとして、スケッチブックを活用されている方が多いのではないでしょうか。

　渦巻き状の金具で綴じられ、他のページが邪魔にならないように、ページを完全に折り返して絵を描けるように作られているのがスケッチブックの最大の特徴です。大きさも大小さまざまなものがあり、手軽に持ち運べるために、その使い勝手のよさから、近年ではスケッチのためだけではなく、さまざまな場面で使われています。たとえば、お子さんがお絵描きに使ったり、企業のプレゼンテーションやレイアウト作成などの作業に使われたり、パティシエやデザイナーが図案やデザイン案を描いたり、音楽家が演奏をする際に、楽譜を貼って見開き（左右の両ページを開くこと）で大きく使用したり、テレビ業界ではADの方などが出演者に向けてサインや台詞などを伝えるカンペ（カンニングペーパー）として使われたり・・・。それだけスケッチブックは汎用性が高いといえます。

　本書では、くるっとめくれるスケッチブックの特性を生かして、ページの一部だけをめくって意外性やおもしろさを演出したり、次のページをめくったり戻したりすることで動きを出したりしています。それらは、スケッチブックならではのシアターの魅力です。また、バラバラにならないので保管しやすく取り出しやすいために、利便性が高く、一度作れば長年くり返し使っていただけるかもしれません。そういった意味で、スケッチブックはこれからますます保育現場でも活躍するかもしれないですね。

★型紙集

B4 サイズのスケッチブックに使用する場合は 310%程度、また A4 サイズのスケッチブックには 250%程度を目安に、それぞれ拡大してください。なお、スケッチブックはメーカーによってサイズが多少異なる場合がございます。その場合は調整してください。

また、イラストには色がついていませんので、拡大したものに色をぬりましょう。

イラスト内の ------- は切り離し線になります。スケッチブックに貼った後に切り離します。

←切り離し線

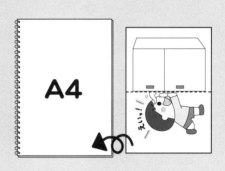

P.6
▼
P.15

おばけなんてないさ

●1・4・9・13・17・20ページ目

●2ページ目

●3・8・12・16・19ページ目

●5ページ目

●6ページ目

●6ページ目（裏）

● 7 ページ目

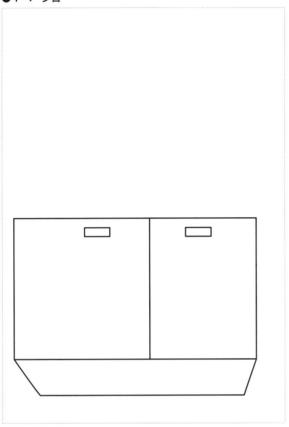

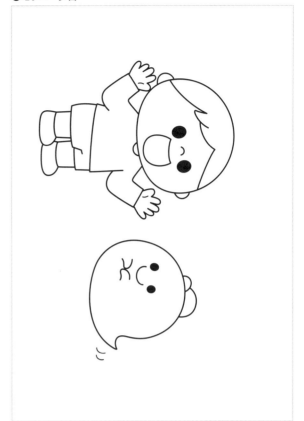

● 11 ページ目

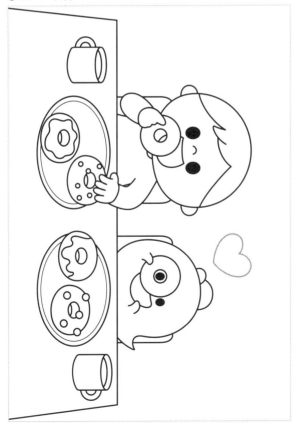

●10ページ目（裏）

● 14 ページ目

● 15 ページ目

● 18 ページ目

●17ページ目（裏）

●1・6・8・14ページ目

●2 ページ目

●3・10ページ目

●4 ページ目

● 5 ページ目

● 4 ページ目（裏）

● 7 ページ目

● 9 ページ目

● 11 ページ目
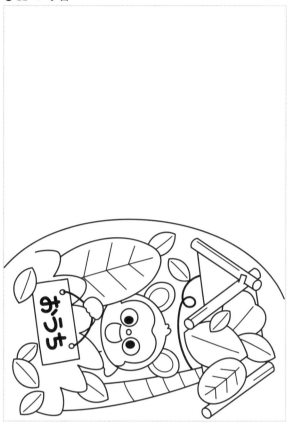

● 12 ページ目

● 13 ページ目

● 15 ページ目

● 1ページ目

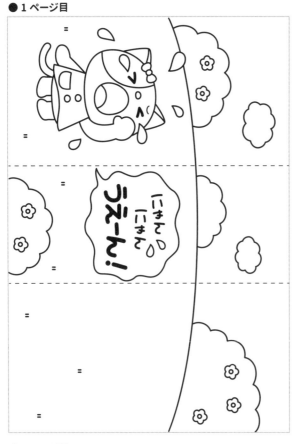

● 2ページ目

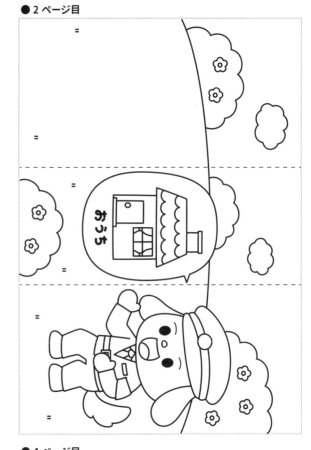

● 3ページ目

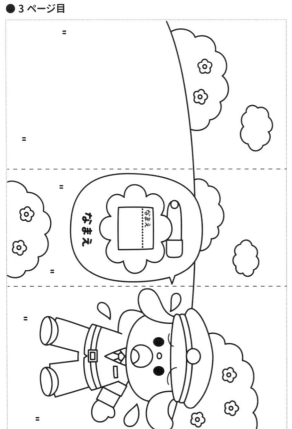

● 4ページ目

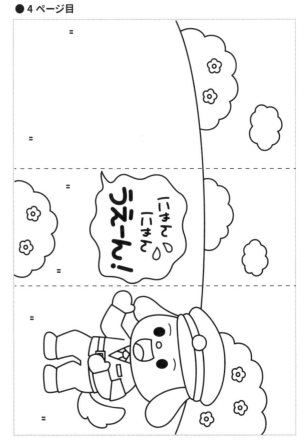

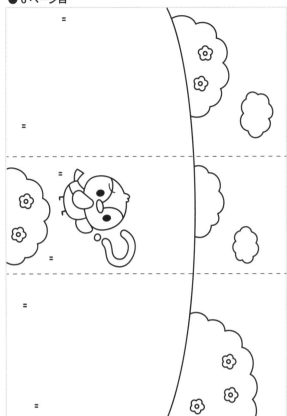

● 1 ページ目

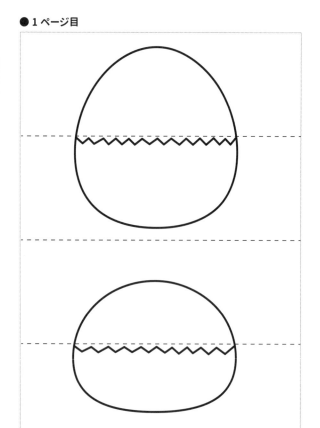

● 2 ページ目

● 3 ページ目

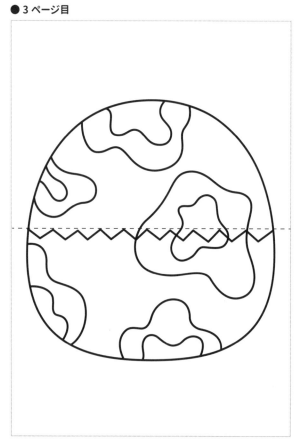

● 4 ページ目

● 5 ページ目

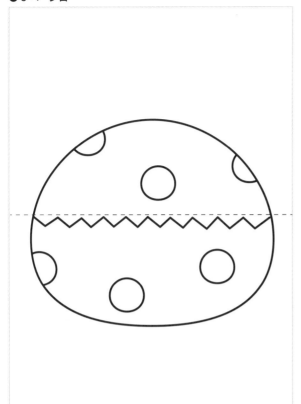

● 6 ページ目

にょろ　にょろ

にょろ

にょろ

P.36
▼
P.40
力太郎

● 1 ページ目

● 2 ページ目

● 3ページ目

● 2ページ目（裏）

● 4ページ目

● 4ページ目（裏）

● 5 ページ目

● 6 ページ目

● 7 ページ目

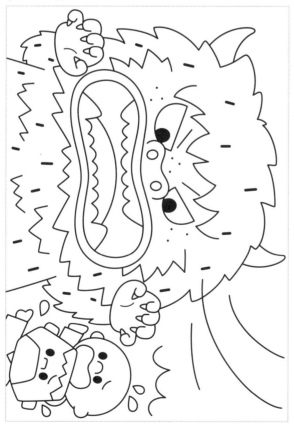

● 8 ページ目

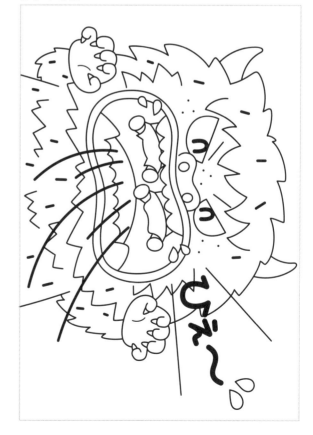

● 9 ページ目

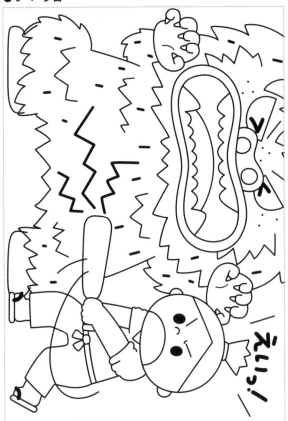

● 8 ページ目（裏）

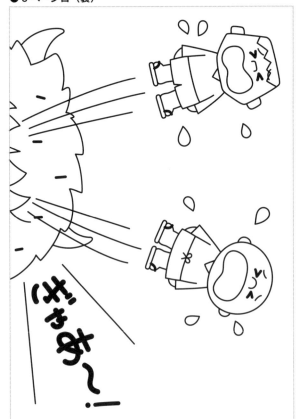

● 10 ページ目

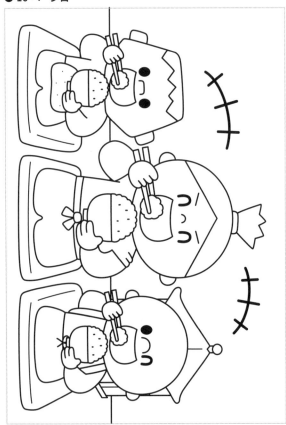

● 1 ページ目

● 2 ページ目

● 3 ページ目

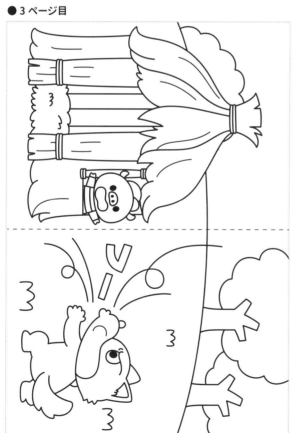

● 3 ページ目（裏）

● 4 ページ目

● 5 ページ目

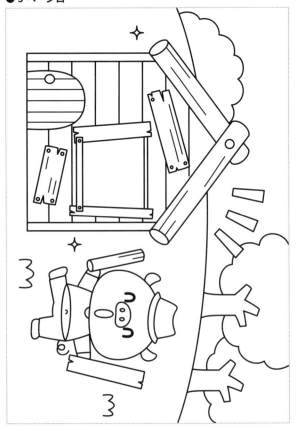

● 6 ページ目

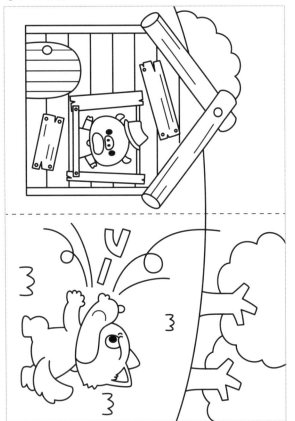

● 6 ページ目（裏）

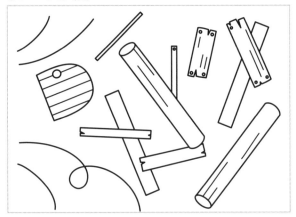

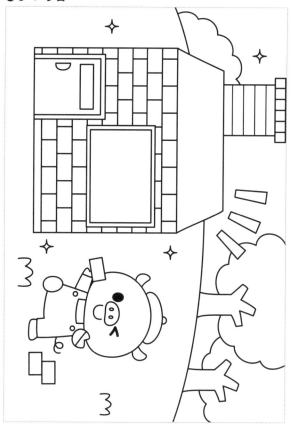

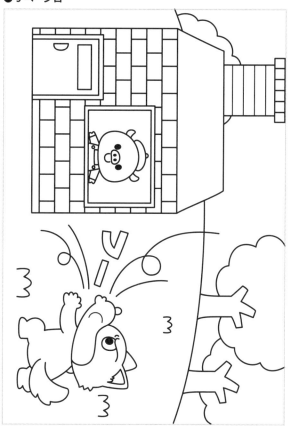

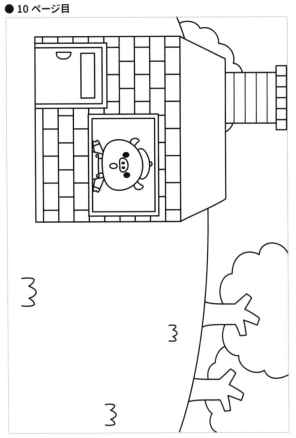

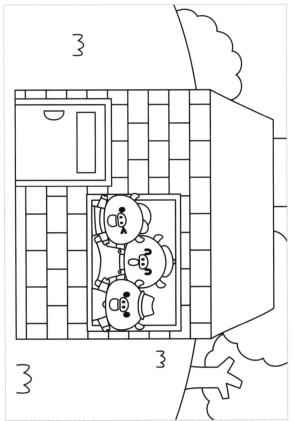

● 1 ページ目

● 2 ページ目

● 3 ページ目

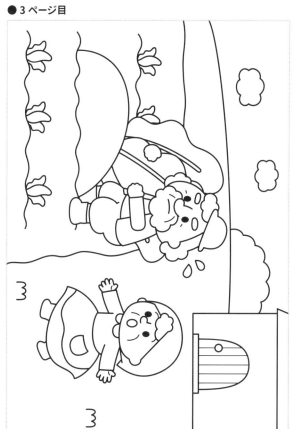

● 4 ページ目

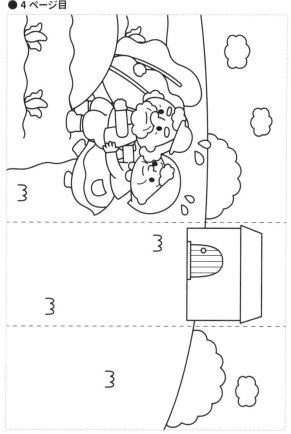

● 5ページ目

● 5ページ目（裏）しかけ

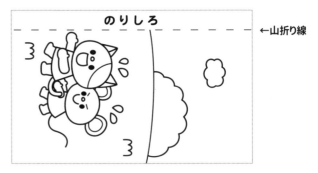

のりしろ

←山折り線

● 6ページ目

● 7ページ目

● 1 ページ目

● 2 ページ目

● 3 ページ目

● 4 ページ目

● 5 ページ目

● 6 ページ目

● 7 ページ目

● 7 ページ目（裏）

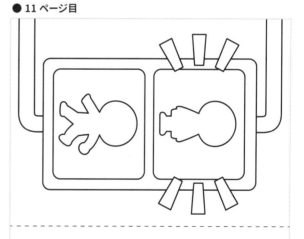

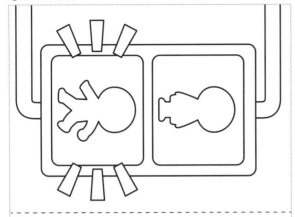

こまさ

あめの
くもり

さだあ

● 1 ページ目

● 2 ページ目

● 3 ページ目

● 4 ページ目

● 5 ページ目

● 6 ページ目

● 7 ページ目

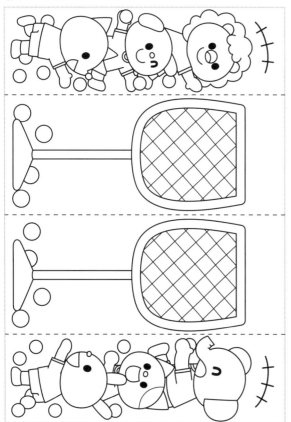

● 8 ページ目

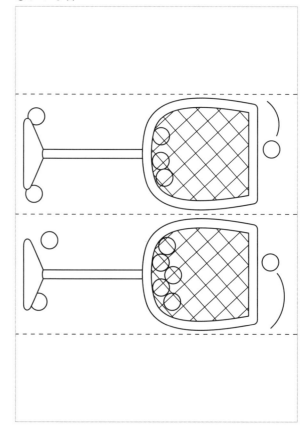

● 9 ページ目

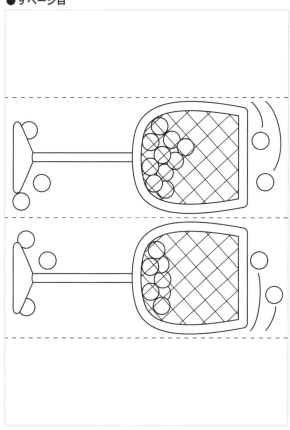

● 10 ページ目

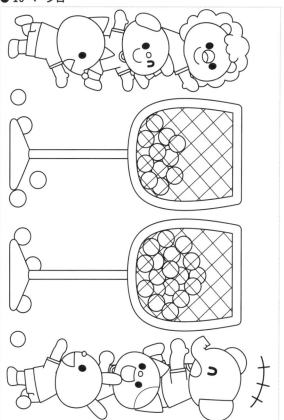

● 10 ページ目（裏）

● 11 ページ目

● 11 ページ目 （裏）

● 12 ページ目

● 12 ページ目 （裏）

● 13 ページ目

● 14 ページ目

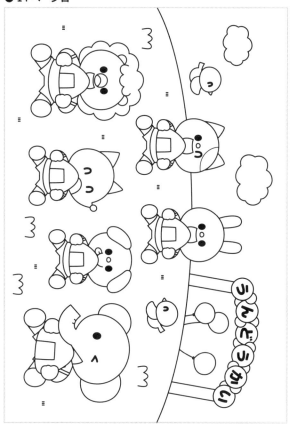

P.66 ▼ P.70

楽しいお正月

● 1 ページ目

● 2 ページ目

● 2 ページ目（裏）　　　　　　　　　● 3 ページ目

● 3 ページ目（裏）　　　　　　　　　● 4 ページ目

● 4 ページ目（裏）

● 5 ページ目

● 6 ページ目

● 7 ページ目

● 8 ページ目

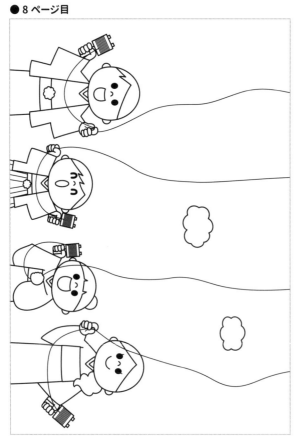

● 7 ページ目（裏）

P.71 ▼ P.77 隠れているのはだあれ？

● 1・3 ページ目

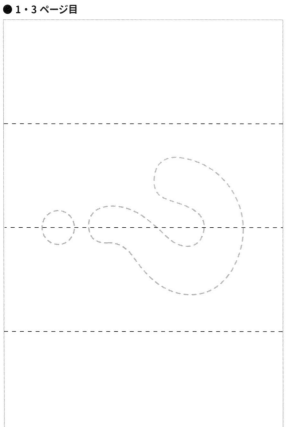

● 2 ページ目

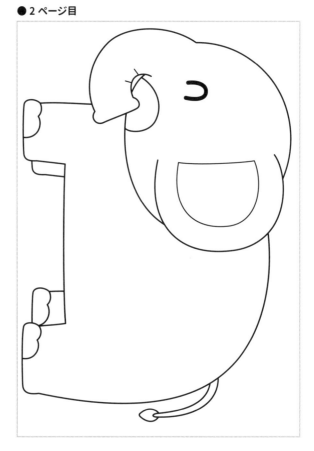

● 4 ページ目

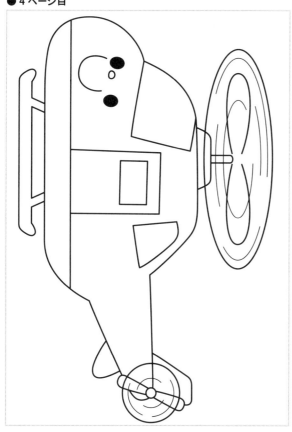

● 5・7 ページ目

● 6 ページ目

● 8 ページ目

● 1 ページ目

● 2 ページ目

● 3 ページ目

● 4 ページ目

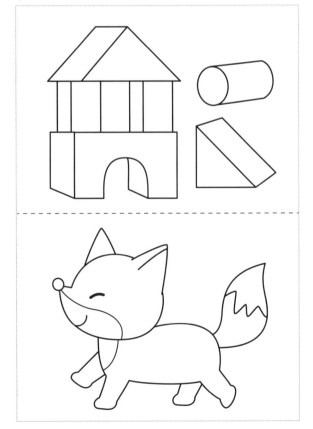

● 5 ページ目

● 6 ページ目

● 7 ページ目

● 1 ページ目

● 2 ページ目

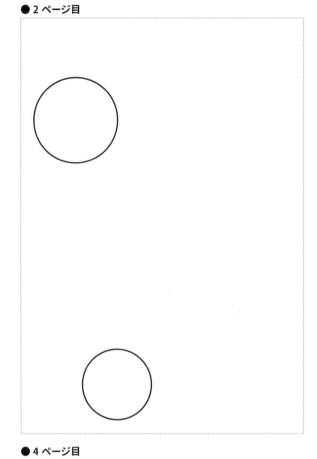

● 3 ページ目

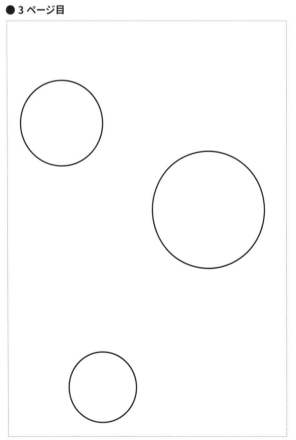

● 4 ページ目

● 5 ページ目

● 6 ページ目

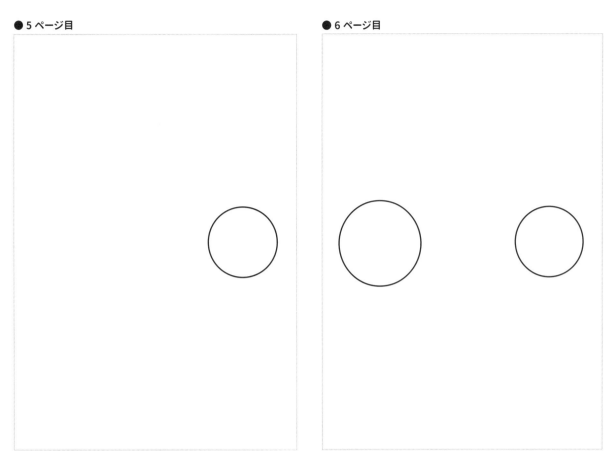

● 7 ページ目

● 8 ページ目

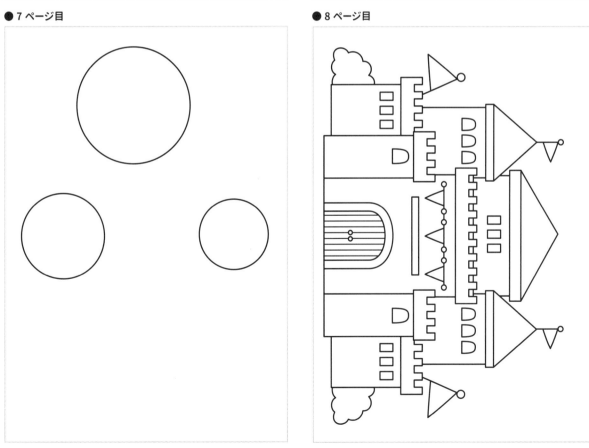

● 9 ページ目

● 10 ページ目

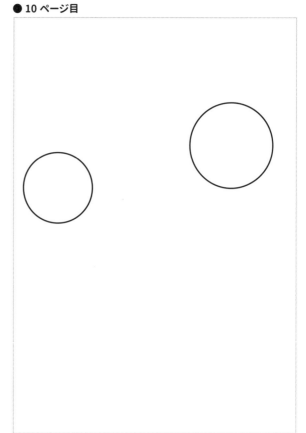

● 11 ページ目

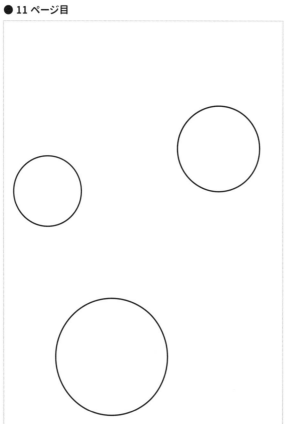

● 12 ページ目

● 13 ページ目

● 14 ページ目

● 15 ページ目

● 16 ページ目

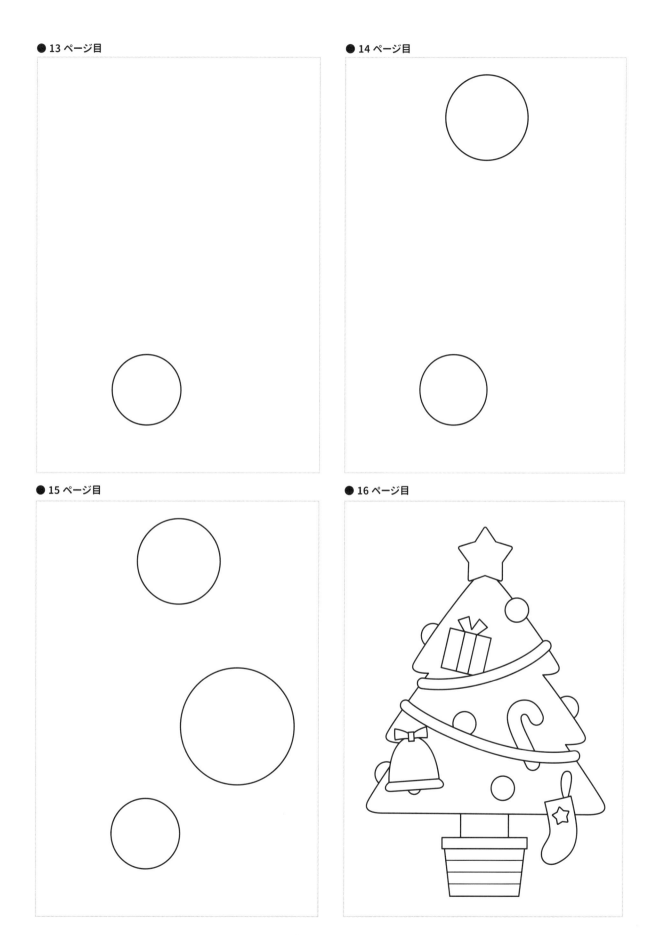

●編著者

井上 明美 （いのうえ あけみ）

国立音楽大学教育音楽学科幼児教育専攻卒業。卒業後は、㈱ベネッセコーポレーション勤務。在籍中は、
しまじろうのキャラクターでおなじみの『こどもちゃれんじ』の編集に創刊時より携わり、音楽コーナーを確立
する。退職後は、音楽プロデューサー・編集者として、音楽ビデオ、CD、CDジャケット、書籍、月刊誌、
教材など、さまざまな媒体の企画制作、編集に携わる。2000年に制作会社 アディインターナショナルを設立。
主な業務は、教育・音楽・英語系の企画編集。同社代表取締役。http://www.ady.co.jp
同時に、アディミュージックスクールを主宰する。http://www.ady.co.jp/music-school
著書に、『みんなナットク！傑作劇あそび特選集』、『ラクラクできちゃうパネルシアター』『かわいくたのしいペー
プサート』（いずれも自由現代社）、『親子で！おうちで！さくっとできる！ 超★簡単 リズムあそび』『親子で！お
うちで！さくっとできる！ 超★簡単 楽器づくり』（ともにヤマハミュージックメディア）他、多数。

●情報提供

小林由利子　安達直美　海老沢紀子　野村容子

●編集協力

アディインターナショナル／大門久美子

●表紙・本文イラスト

イシグロフミカ

短大の保育科を卒業後、幼稚園の先生として働きながらイラストを描き始め、現在フリーのイ
ラストレーターとして活動中。保育・教育関連の雑誌や書籍などで、明るくかわいいタッチの
イラストを描く。また、こどもが喜ぶ工作も手がける。
著書に「かわいい保育グッズのつくりかた」（自由現代社）、「かわいいえがすぐにかけちゃう
ほん」「1、2、3 ですぐかわイラスト」（学研）、「親子でいっしょに季節の手作りあそび」（日
東書院）、「親子でつくる プラバン小物」（講談社）、「かわいい！保育のイラストおたすけブック」
（玄光社）などがある。
URL : https://nowanowan.com

かわいい！たのしい！スケッチブックでシアターあそび ————————————— 定価（本体1500円＋税）

編著者————井上明美（いのうえあけみ）
イラスト————イシグロフミカ
表紙デザイン——オングラフィクス
発行日————2020年3月30日　第1刷発行
　　　　　　　2023年1月30日　第5刷発行
編集人————真崎利夫
発行人————竹村欣治
発売元————株式会社自由現代社
　　　　　　　〒171-0033　東京都豊島区高田 3-10-10-5F
　　　　　　　TEL03-5291-6221／FAX03-5291-2886
　　　　　　　振替口座 00110-5-45925

ホームページ——http://www.j-gendai.co.jp